介入の技法

課税要件論再考

沈　恬恬 著

成 文 堂

はしがき

本書は、令和４年度京都大学人と社会の未来研究院若手出版助成を受け、筆者の博士学位論文である「介入の技法：課税要件論再考」（京都大学：法博第271号）（2022年３月23日）を基礎とし、その後に行われた法改正および提出後に得られた知見を反映して一部加筆・修正したものである。

本書の主題は、租税法固有の研究対象領域において、その中心に位置付けられる課税要件論をひとつの関係性（あるいは、アメリカの数学者・経済学者Irving Fisherの言う「一連の出来事（a series of events)」）として捉え直し、この関係性への租税法的介入の意義を問うことである。

「租税法律主義」という名のもと、「課税のための要件」は、納税義務者・課税物件・課税物件の帰属・課税標準・税率といった名詞形で、（差し当たりは）規定されている。しかし、これらを繋ぎ、これらの関係を言い表し、動詞化しうるような法概念とそれら法概念間の置き換え可能性（言語上の両義性）は、「課税要件論」をつかみどころのない雲霞に仕立て上げている。そのことは、立法政策や判例などの実際の応用面でしばしば垣間見られるだけではなく、政策論や法制度論の「理念上の客観性」に集約しきれない現実社会から噴出し続けている「混沌たる具体性」の受け止め方の問題も提起している。

このような「課税要件論」の力学的にみれば静止し得ない構造を考察するところに重点を置き、現実社会の動きから目を逸らさない最大限の努力を払うため、本書では、一義的な結論を導く記述方法をあえて放棄し、重層的かつ換喩的な記述方式を試みた。そこで、個々の論点をめぐる中国法・日本法・アメリカ法などの比較分析に加え、関連すると思われる一部の思想史学・社会学・経済学・自然科学などの知見のフィルターをも通してみると、映されたのはさらなる拡散系的な様相を呈するほどの世界であった。

しかし、筆者は、この世界が無秩序で空虚なものであると主張したいのではない。筆者がこの地図なき世界を彷徨いつつ、ずっと思索しているのは、科学技術の変遷とともに絶えず変化する国際社会の関係に巻き込まれながらも、揺らぐことのない租税法のありうる立脚点をいかに構築するか、という問いにほかならない。一個人のルート探しとして書き留めた思考実験である本書が、今後のルールを再構築する議論の一助となることを願ってやまない。

学びながら問う。問いつつ征く。これが研究という業ではなかろうか。この業を修めていくうちに、いつの間にか筆者の後ろに多少の道らしき痕跡が残されたように思う。だが、振り返ると、これらの痕跡は、決して筆者ひとりだけの足跡ではなかったことは確かだ。複数の学問領域に籍を置くことができ、実に大勢の伴走者たちに恵まれ、有り難みをひとしお感じ入っている昨今である。

まず、法学研究のための基礎方法論、資料収集の方法、判例のデータベースの使い方など、手取り足取り指導してくださった岡村忠生先生（京都大学教授）の手厚いサポートがなければ、2017年春に始動した「文学から法学へ」の越境プロジェクトは実現できなかっただろう。特に、法律英語の翻訳練習と研究課題に関する予備考察の法学論文の作成練習が中心だった法学研究科の編入試験に向けた特訓の日々があったおかげで、筆者は、ようやく法学研究の最初の一歩を踏み出せた。

また、「雑食性」であっちこっちへ放浪する筆者は、木南敦先生（京都大学名誉教授）の洗練された英米法の講義とゼミでは、英米判例法の形成史の奥深さをじっくりと味わえ、断続的参加ではあるものの、横山美夏先生（京都大学教授）のアットホームなフランス法ゼミに所属しているメンバーの先生方から、法学的訳語の選び方や、フランス民法と比較法の研究方法などについて、多くのことを学んだ。

そして、現在の日本学術振興会特別研究員 PD の受け入れ教員である藤谷武史先生（東京大学教授）は、筆者の研究遂行上極めて心強い存在である。

事務書類に関する迅速なフォローはもとより、「３割しか理解できない」原稿を提出するたびに、丁寧に読んでください、的確なアドバイスをくださるご姿勢には、頭が下がる思いである。これまでの議論のなかで教わった批判法学についての様々な分析視点や、法的思考の構造の構築方法などは、きっと筆者のこれからの冒険で出会う困難を乗り越えるための優れた道具となろう。

ほかに、2018年以来、法学領域での発表の機会を幾度も賜り、拙い発表内容に貴重なご指摘をくださる日本税法学会関西地区研究会と京都大学公法判例研究会の先生の方々、法学の勉強の原動力ともなる2015年夏に出会った中島光孝先生（弁護士）、丹羽雅雄先生（弁護士）、和田義之先生（弁護士）、宮沢孝児先生（弁護士）、清井礼司先生（弁護士）、それから、2013年秋以後、複数の横断的な研究プロジェクトに関わらせ、越境のきっかけをくださった田中雅一先生（京都大学名誉教授・国際ファッション専門職大学教授）、石井美保先生（京都大学准教授）、立木康介先生（京都大学教授）、さらに、大阪大学文学部時代から、あれこれ20年近くもお世話になってきた冨山一郎先生（同志社大学教授）をはじめとする「火曜会」と「日本学」の友人たち、筆者のワガママ放題を許してくれている「白浜猿組」のみなさま、中国・上海にいる父母、「実家＠大阪」のサッコさん、本当にありがとう。

タイトなスケジュールのなか、本書の刊行を快諾いただいた成文堂阿部成一社長、飯村晃弘編集長に厚く御礼を申し上げる。特に「ありのままの」文体の維持を手伝ってくださった飯村晃弘編集長には、重ねて感謝したい。

2022年11月

沈　恬恬

目　次

序 章　要件の誕生

1　ロードマップ

市場の学問であり、経済学との対話である租税法研究の王道から、税制についての歴史研究に足を踏み込んだ租税法学者の中里実は、自らの研究の歩みを『租税史回廊』という論文集にまとめた[1)]。この隔世の感に満ちた論文集のなかで、中里実は、「租税要件に関する法」を（戦後日本の）租税法研究の独自の研究領域として明確にし、これを租税法研究の中心に位置付けるという、金子宏の発想の重要性を強調している。具体的には、このように述べられている。

「租税法が真に独立した学問分野として認められるためには、単に、独立の講座が開設されるだけでは足らず、租税法独自の研究対象である租税実体法（すなわち、納税義務の発生・消滅等を規律する課税要件に関する法）を租税法研究の中心に位置付けるという、金子宏名誉教授の発想が重要であった点を忘れるわけにはいかない。」[2)]

該当すると思われる金子宏の言葉はこうである。租税実体法（租税債務法）とは、「租税法律関係のうち、租税債務関係の当事者、租税債務の内容、租税債務の成立・承継・消滅等を扱う部分である。このうち、租税債務の内容をなす課税要件法の領域は、他のいずれの法分野でも研究の対象とされない租税法独自の領域であり、しかも、この分野では、従来に引き続き、新しい

1）中里実『租税史回廊』（税務経理協会、2019年）。なお、吉村政穂「書評：租税史回廊」税務弘報68号167頁（2020年）を参照。
2）中里、前掲注１、176頁。

解釈理論の形成を必要とするような重要な問題が、次々と生じている。所得税および法人税の課税要件法については、特に問題が多い。その意味で、この分野は、租税法全体の中で最も重要な分野であるといえよう。…我が国でも、この分野の研究は、1960年代の中頃以後、急速に発展している。」[3)]

このように、租税法研究に確実な「求心力」を、と喝破されたあの頃、租税法研究の急速発展もさることながら、日本社会の経済も高度成長していた。その為か、まるで独楽の芯のようにきっちりと、ど真ん中に突き刺さったこの「研究の中心」から、財政・租税政策・会計・経済の学や、憲・財政・国際・行政・私・経済・社会・知財・民訴・刑事の法などへと、きれいに遠心力が伝わるように、様々な学問との関係も租税法の基礎理論書のなかで言及された[4)]。ぐるぐる、ぎりぎり、時間も空間も、さらに、多くの法概念も、回り続ける[5)]。

だが、いつものごとく、「中心の誕生」は、遠心力の及ぶ範囲の測量を可能にすることがあっても、法的な概念・関係を規定し、それぞれの要件に立脚点を与えること、いわば、法的な規範性による言語を定義することまでできるとは限らない。予測された何らかの規範性は、厳密な定義を生み出せない。厳密な定義は、不完全な論述表現がそれぞれ関係し合うたびに、織りなす世界におかれてようやく明確にされていく。まさしく、遠心力に振り回されながらも、あの「中心」を目指そうとする者たちの旅物語である。

遠心力に抗いながら、筆者もこの「中心」へ到達できるルートを探そうとしている。ここでは、まず、旅路の起点を、全ての「定義」を「項」として満たす一種の算式で考える見方から設定しよう。この説明を援用すると以下の形になる。課税とは、Ａ＋Ｂ＋Ｃ（＋？Ｄ）＝Ｚである。文字を代入するとこうなる。課税とは、〔納税義務者＋課税物件＋課税物件の帰属（＋解釈

3） 金子宏『租税法（第24版）』（弘文堂、2021年）28－29頁。

4） 租税法（研究）の位置が描かれている。金子、前掲注３、33－39頁。

5） ここのふたつのセンテンスの表現は、リリー・フランキーが『東京タワー：オカンとボクと、時々、オトン』（扶桑社、2005年）１頁のなかで提示したイメージを転写したものである。

等)〕(課税要件) ＝〔納税義務の成立〕(法律効果) である[6)]。

この関係式には、入り口(「入門書」)としては非難すべき点がないが、入門書のなかにも多くの後味の悪い裁判例が引用されたことが示すように、「課税要件論」は、短絡的に義務の成立か不成立かの判断に結びついているのではない[7)]。課税要件を構成する個々の要素をめぐる議論やこれらの要素を組み合わせる妥当性に対する分析作業も必要だろう。言い換えれば、数学的な解決法を通じて説明可能な「＝Z」の正負(＋・効果の成立／－・効果の消滅)は、初歩的なものである。「租税要件」について論じるためには、①Zは、0になるかどうか、②条件付きの場合、A ＝ A'だけれども、条件を外したA'に、B、Cをプラスすること自体が合法的であるどうか、といったことも問わなければならない。

もっとも、租税法は、強行法規・侵害法規として考えられている。この特別な性質のもとで、法文および文言に忠実な文理解釈をすることは、租税法律主義という原則を体現することになる[8)]。ただ、強行と侵害の側面が強調されると、閉じ込められる感覚や、刑法などの領域を思い出さずにいられない。また、このような合法性としての「狂気」[9)]が保証されるのであれば、要件の各項目の指示内容は原則上すべて実数となり、Zの効果は不変なものとなるはずなので、効果の関係式を捏ねる必要はないことになる。

折良く、日本社会には「民主主義」が存在しているようで、「狂気」を民

6) 木山泰嗣『入門課税要件論』(中央経済社、2019年) 序論、第1－2章。なお、酒井克彦『クローズアップ課税要件事実論(改定増補版)』(財経詳報社、2017年)は、課税当局の視点から書かれたものと考えられる。

7) たとえば、固定資産税の形式主義の問題(最判平成26年9月25日民集68巻7号722頁)、「住所」の問題(最判平成23年2月18日集民236号71頁)など。

8) 谷口勢津夫は、「税法は強行法規であり侵害規範であるから、租税法律主義・合法性の原則の下で、税法の解釈に厳格さが特に強く求められるので、税法の解釈は最も説得力のある権威的論拠とされる法文および文言に忠実な解釈、すなわち、文理解釈によるべきであろう。」と述べている。『租税回避論』(清文社、2014年) 17頁。

9) ここの表現は、Michel Foucaultが提示した多くの概念を念頭に置いている。今野正規「民事責任とミシェル・フーコーの仮説」関法63巻1号119頁(2013年)などを参照。

法学的「対等な関係」のある「租税債務関係説」[10] に持ち込んだ上、根気強くカウンセリングをすれば、この等式は「狂気」な精神構造を解く重要な手がかりとなろう。ただし、この場合、あらゆる項目の指示内容の意味も自ずとほかの法規範の浸食作用によって変化するということを要件論の前提としなければならない。さらに、自由と民主と契約は、法的公平性を表している（と思われる）が、このような法的公平性を通じて、租税は、「再分配」の大義名分が立つ不公平の創出を手助けしていることを、見逃してはならない[11]。

以下では、本書の要旨を述べておく。

第一章「物の帰属」では、主に財産と収益の角度からの検討に馴染みやすい土地などの不動産を、固定資産税の対象となる課税物件として取り上げ、納税義務者との関係を考察する。

そこでは、①まず、中国の「不動産税」試行決定を切り口として、いわゆる「財産」を共有する「社会主義」の現代社会における「財産」に対する認識の変化を論じる。②次に、「社会主義」と対置される「資本主義」の日本やアメリカの「所有」観を、固定資産税において考察する。特に、日本の固定資産税について、これまでの固定資産税の判例を巡る学説の流れを追い、課税物件の帰属は、民法学上の「登記原理」に基づくものと考えられる「台帳課税主義」によって「所有」という文脈に回収される傾向があることを明らかにする。確かに、ひとつの課税物件を何らかの「名義」に紐づけた過去という「証拠」さえあれば、課税要件は充足されると思われるが、しかし他方で、近年の日本の土地や空き家などに関して社会的に大きく取り上げられてきたのは、固定資産税の税負担などを原因とする「所有者不明」の問題である。所有が非所有を招くというこのパラドックスが生じる理由は、そもそも租税法学において、所有者と納税義務者とを、また、資産を所有している

10）木山、前掲注６、17－18頁、28－29頁。
11）ケネス・ジーヴ、ディヴィッド・スタサヴィージ（立木勝訳）『金持ち課税：税の公正をめぐる経済史』（みすず書房、2018年）。

ことと帰属しうる資産とを、同格的に捉えることのできる強固な理論構造を欠いているからであると指摘できる。③そこで、目下の急務となる所有者不明土地の再利用について、日本の民法上の動きに言及しつつ、税制設計上参考とされうるアメリカ州法上の土地収用基準を考察する。同時に、その「土地収用」とともに行われる再利用制度の背後に潜む憲法上の財産保障の問題および刑事法上の問題を指摘した学説を紹介する。

他方で、課税物件である「物」の帰属先である「人」の持つ「身体」そのものは、「物性」ないし「課税物件的な性質」も持ち合わせている。そうすると、（アダム・スミスに倣って、）道具や器具、土地や建物とともに考えられうるもうひとつの「固定資本」としての「人的資本」について、その存在のためにもっとも基本となる「健康維持費」をどのように考えるべきかが、検討課題として浮かび上がる。

第二章「人の価格」では、「医療・健康保険」、「公的・私的年金」、「生活保護」、「生命保険」などに注目し、社会保障法と租税法の境界領域で起きた幾つかの「違憲訴訟」のなかで争われた「財産権」や「生存権」を、課税要件のうちの課税標準と税率を巡る「価格論争」と位置づけながら検討する。さらに、租税法学上の価格設定は、「租税法律主義」のもとで条文文言の「文理解釈」によりさえすればよいのではなく、人口問題・社会的経済的な要因が関係していることは言うまでもない。このことに鑑み、日本と同様に「老いる共同体」を抱え、「税と社会保障一体化」の制度を施行している中国社会で起きている公的年金制度の問題を紹介しつつ、世界的なインフラの状況が如何に現代中国の年金制度に影響を与えているかを明らかにする。この検討では、人口問題は「所得」との関係性の問題である、という知見を提示する公共衛生学のような自然科学が考える「生存権」についての基準なども交えながら、「人の価格」に影響を与える様々な変数があることを提示する。さらに、納税義務者に帰属される「人の身体そのもの」として課税物件を措定することにより始めて見えてくる「所得」と「消費」について、その直観的な概念論を掴むことを試みる[12)]。

第一章と第二章の考察を踏まえた上、第三章「理論を巡る検討」では、かつて、Irving Fisher（以下「Fisher」という。）が指摘した「富（wealth）」の持つ「時間に関する二重の側面（a double aspect in reference to time）」に関連する「未来性」ないし「心理的満足」の問題を考察する。

これまでの租税法学の学説は、Simons などが提唱する「包括的所得概念」の理論の持つ不十分さを指摘し続けてきたにもかかわらず、税制設計にとっては「包括的所得概念」の使い勝手がいいため、勤労所得といわゆる「投資＝投機所得」を区別しながらも、両者の関係は曖昧にされたままであった。これは、Fisher のいう「心理的満足」という言葉が、現実世界のなかで起きる多様な「所得」生成の出来事を通じて真正面から再検証されたことがなかったからと考えられる。そこで、本書は、所得の「未来性」が勤労所得から区別されてきた投機＝投資の心理に近似するという仮説を立て、公営ギャンブル関連の政策論や判例考察を通じて、「所得」が認識される場面での法的問題を検討する。

他方において、「所得」を獲得する手段はどうであれ、租税法上の所得の「実現論」は哲学的な時間論から観念できるが、その概念についての整理はまだ不十分と考えられることから、本書は、「未来性」が「利子率」に関係するという Fisher の哲学的原点に立ち戻って、「所得」は、未来から現在、あるいは、現在から過去を単純に差し引く（現在価値計算する）ことによって得られるものではないことを論じる。

また、第三章では、課税要件論ではほぼ省略される債権回収側の立場にある国家の「正当性」の問題を、納税義務者の「心理的満足」に織り込むという重畳的な形で考察する。従来の学説は、この問題を、租税手続き法（の行政的側面）の文脈のなかで、納税義務者の義務と権利に対する国家の「正当

12）本文で詳しく論じるが、Irving Fisher は、消費を c=Y-S（c は消費、Y は所得、S は貯蓄を表わす）と考えている。Irving Fisher, Income in Theory and Income Taxation in Practice, Econometrica, vol. 5, No. 1 (Jan. 1937), pp. 1-55.

性」として議論してきた。例えば、行政手続き上の瑕疵の有無と納税義務の議論や、富を再分配することのできる国家権力としての租税徴収権の限界の議論をあげることができる。これらの議論は、結果的に、納税義務者の「真の心理」を無視する形になっている。しかし、国家は個々の納税義務者の未来や不確実性への「心理的投影」として存在するという角度から考える場合、Fisherの理論、Simonsらの「包括的所得概念」に比べて余りにも「哲学的」であるためにアメリカの立法政策にも取り入れにくかった彼の理論の奥深さを、新たな角度から検証できるはずである。

従って、本書は、このような視点に立ち、「所得とは何か」を名詞的に規定するのではなく、「所得は一連の出来事」であるがゆえ、どの時点における選択も決して失われた選択にはならないことから、数学的・経済学的に考えた場合、どの選択が最大値につながるのかを考察する。そして、このような「純理論」は、測量し得ない「心理的満足」として一蹴することもできる一方で、物も人も含めた「資本」の「限界効用」を配慮した「二重課税」の問題や、課税標準や税率の公平性とは何かを考えるきっかけにすることもできることを明らかにする。

第四章では、AI（Artificial Intelligence）に対する課税を視野に入れながら、国家という債権回収側だけではなく、国際的な債権回収側になりつつあるOECDと、納税義務者（個人・営利法人・公益法人）のそれぞれが図る「富の最大値」が、如何に実現されるべきかについて考察する。国際課税の領域で議論されてきたタックスヘイブンに対するOECDの最新の動向について言及するとともに、中国国内に存在するタックスヘイブン問題を検討する。

また、こういった問題については、資本主義国家や社会主義国に属する地方政府が懐抱する富への貪欲に基づいて出来上がった税制設計上の空洞と、それを利用する納税義務者の両方にそれぞれいかなる責任があるか（別の角度から言い換えれば、租税回避か脱税か）という単純な論法で考えるのではなく、課税物件そのものの利子率（利回り）を変化させる科学技術の変遷とともに考えるべきであると指摘する。なぜなら、第三章の「所得」の理論とともに目まぐるしく発展してきたのは、取引方法や貨幣価値のインフレといった現象だけではないからである。むしろ、時間の静止の象徴である「ストック（stock）」が、信用（クレジット）消費と名乗り、未来を先取りする消費を可能にするとともに、時間の流れの象徴である「フロー（flow）」も絶えず延長されてきたことが、これらの現象の背後にある本質的な事柄であることを明らかにする。

最後に、今後のAI課税にとって重要だと考えられるポイントは、「情報の透明化」の実現という短絡的な認識に収斂されるべきではないことを指摘する。「AI化社会」において、情報は、ますます時間の持つ瞬間性の特徴を反映するようになることと同時に、点在する無数な「共同」財としての空間を構成していく。租税法学はこのような刻々と変貌する関係性に介入できる「システム性」を如何に確立するかが問われている。

2　「介入」について

本書のタイトルの「介入」について、説明しておこう。本書では、この言葉の法学一般的構文に出現する用法を第一義として援用しているが、より相互的な関係性の中で現状を捉ることを可能とするため、with AI（& COVID-19）の世界を研究するために有用とされる疫学上の「介入研究」という用法も意識している。疫学では、「介入研究」は「観察研究」と対比される研究デザインである。基本定義はこうである。「介入研究」とは、「人為的に要因を加えたり除いたりすることにより、その前後の疾病の発生や予後の変化を実験的に確かめる方法」[13]である（例えば、正体不明なワクチンが注射されたグループとまだ注射されていないグループのそれぞれの違いのことを考えよう。）。

一方、個人的思想へ影響でも、社会的波及効果でも、その言葉の無力化に

13）日本疫学会監修『はじめて学ぶやさしい疫学（改訂第三版）』（南江堂、2020年）35頁。

よって実に最も無害なものとなった人文科学の主な研究対象である文学テキストには、自然科学の考え方を取り入れた「実験小説」[14]というジャンルがある。ただ、「研究倫理」が厳しく問われる昨今、かつて人文科学に示唆を与えた自然科学の実験台にある鼠ちゃんや猿くんまで「人権」らしき「動・物権」を持つようになった。このような逆風を突いて、社会科学の研究対象である「社会（のなかで生きる人々の「生」）」を「実験場」にすることはもってのほかである。

しかし、本当にそうなのだろうか。国籍を問わず、私たちの誰もの「生」が、既に生成途上にあり続ける「情報バンク」の構成員（ときどき、デジタル企業の「顧客」、あるいは、納税義務者）である。「人為的要因」は、もはや外部から加えられる力のことではなく、私たち自分自身の内部から起こせる変化のことである。このため、ここで使おうとする「介入の技法」も、せいぜい研究倫理を守ったインタビュー調査[15]程度の研究行為の次元にはとどまらない。日本社会（の人々）とともに考えていくうちに発せる自分の言葉を紡ぎだすという、実験的方法である。

もちろん、「介入」という実験は、より学問的、メタファー的な命題でもある。計らずも筆者は、いわゆる「社会主義」の中国について比較的に詳しく知ることができるので[16]、中国における租税立法政策と経済発展の傾向を素材とし、現時点では「デジタル庁」の怪しい雲行きを抱え込む日本という「資本主義」国家のそれとの対比を行い、筆者なりの「介入研究」を遂行できるのではないか、と考えている。

14） Émile Zola, Le Roman expérimental, 1880（=Charpentier, 1902）の言葉を念頭に置いている。

15） 第二章のなかで触れる「石井国保事件」（最二判令和２年６月26日民集74巻４号759頁）に関する筆者が行ったインタビュー調査を指す。

16） 中国は、「データセキュリティ法」（全７章55カ条）を2021年９月１日から実施している。コロナ禍のなか、現地調査などできない日本の居住者である筆者が、中国の状況についてどこまで「詳しくかつ正しく」知り得るかに関しては保証できるものではないが、検証を加えながら、本書ではできる限りの情報のアップデートを行った。

第一章　物の帰属：固定資産税狂騒曲

1　戦慄の騒ぎ：中国不動産税の試行決定を巡って

中国の「恒大集団」が2021年の夏に中国本土でニュースになった当初、確かに、少しは騒ぎになった。それは否定しない。何より恒に大きな利益をもたらすと思われてきた中国の不動産開発業界自身が、不動産投資開発によって得られた純利益の不可逆的な下落現象を巡って騒いだ[1)]。この騒ぎは、世界の株価下落と連動し、驚きと些かの妬みが込められた中国経済高度成長終焉論の火に油を注ぐ形で、国際的にも盛り上がった[2)]。そして、第20回中国共産党第20回全国代表大会（2022年10月16日－24日）が終えた現在では、長らく施行されてきた「分散型ロックダウン」を中心とした「ゼロ・コロナ政策」が、中国経済に甚大なダメージを与えるだろうとの予測も見られる[3)]。

恐らく、終焉の予兆はもっと早く現れていただろう。少なくとも、2010年頃まで遡ってもよいのではないだろうか。なぜなら、周金涛らの研究グループによれば、中国の労働力市場は、2010年－2011年頃、既に「ルイスの転換点（Lewisian Turning Point）」というターニングポイントを迎えていたから

1）于小雨・王玲「行业研究（2021年9月8日）」亿翰智库 HP（https://pdf.dfcfw.com/pdf/H3_AP202109081514972557_1.pdf?1631109136000.pdf［最終確認日：2022年1月3日］）7頁の「图表：E50 房企毛利润率与净利润率走势」を参照。

2）木村登英「業界全体に影響が広がる中国恒大集団の経営危機（2021年10月29日）」野村総合研究所 HP（https://www.nri.com/jp/knowledge/blog/lst/2021/fis/kiuchi/1029［最終確認日：2021年11月19日］）を参照。

3）2022年10月24日、中国国家統計局が発表した2022年7～9月期の国内生産 GDP は実質で前年同期比3.9％増えたが、政府目標の5.5％前後を大幅に下回りそうである。

である[4)]。このグループは、ロシアの経済学者N.D.コンドラチエフ（1892－1938）が提唱した景気が約50～60年周期で循環するという景気循環（「サイクル」、「長期波動」「大循環」）に関する学説を中国の経済発展に応用し、株、貨幣、金、及び不動産などについて考察していた。

「ルイスの転換点」[5)]は、英国の経済学者アーサー＝ルイスが提唱した概念である。社会が工業化する過程で、農村部から都市部へ低賃金の余剰労働力が供給されるが、工業化の進展に伴い、やがて余剰が解消され、農業労働力が不足に転じることを指す。この転換点を超えると、賃金の上昇や労働力不足により経済成長が鈍化すると説明されている。ただし、「中国のルイスの転換点」について、日中の経済学者のなかでは論争があった。主に、2006年から2010年にかけて中国に現れた労働力不足の現象はルイス転換点を迎えたことを示しているという見解と、その現象はルイス転換点を迎えた兆しではなく、中国の制度、政策、歴史などの原因がもたらした構造的で一時的な問題にすぎないという見解に分かれている[6)]。

ともあれ、「996（朝９時から夜９時まで週に６日勤務）」、「躺平（寝そべり生活）」、「35歳前定年（早期リタイア）」といったキーワードが若者の流行語となり、「内巻（非合理的内部競争・内向きの中国式発展）」[7)]の概念が世間一般の常識として中国社会に浸透した今日、予兆は既に現実となったと言っても過言ではない。

４）『涛動周期論』（中国・機械工業出版社、2018年）118頁。

５）『デジタル大辞泉（第二版）』（小学館、2012年）を参照。

６）沈暁寧・王焱「特集：「労働集約型産業からの脱皮めざし：転換期むかえた中国経済」人民中国691号22－41頁（2011年）のうちの「特集２：ルイス転換点めぐり論議」（30－33頁）を参照。

７）“involution”に当たる。この言葉の起源は、アメリカの文化人類学者クリフォート・ギアツのインドネシアのジャワ島の農村についての考察のなかで提起された概念を援用しているとされている。Clifford Geertz, Agricultural Involution: the Process of Ecological Change in Indonesia (University of California Press, 1963). 日本語訳として、池本幸生訳『インボリューション：内に向かう発展』（NTT出版、2001年）がある。

なお、この言葉は、2020年12月４日、中国の雑誌《咬文嚼字》の2020年の流行語トップ10に選ばれた。

もちろん、本来の「ルイスの転換点」理論は、一国の経済状況に適用される理論である。しかし、経済のグローバリゼーションが進行した現代において、一国の経済の変化は直ちに国際経済に影響を与えうる。その一国が全世界6.5％の陸地と22％の人口を持つ中国となれば、騒ぎは「中国の」という修飾語のうちに収まることはないだろう。一方、時代のひとつの波や一粒の砂は、具体的な個人にとっては、海や山そのものとなる。マクロの数字の意義は個人の切羽詰まったミクロな人生に投影されるので、この騒ぎは、より普遍的な「生」の行き詰まりを反映しているかもしれない。

ここで、原因というより、ある経済周期論から観察し得るもうひとつの結果として、立法を捉える視点が必要である。なぜなら、経済的現象の変化と法的概念の変動とは決して無縁なことではないからである。経済的現象は、自然や環境の規則性を現す動的グラフや図形などによって描かれるが、これらのビジュアル的動きを追いかけながら、これらの規則性に言葉を与えた上、言葉に意味を落とし込み定義するというプロセスこそが、立法行為である。

目利きのいいジャーナリストたちは、この連動を意識しているように見える。彼らは、中国政府の「不動産税」[8]の一部の都市での試行決定を、中国社会の「経済格差に対する是正」[9]だと読んだ。その中には、「ついにくるべきもの」である試行決定を、「富裕層」たちの「戦慄」と名付けた現代ビジネスの記事もある（2021年10月26日）[10]。このしばらく前に、中国の「不動産

8）日本の「固定資産税」に相当するが、本書の中国の立法関係の用語は「不動産税」で統一する。「不動産税」の一部都市での試行は、2011年１月27日より、上海と重慶で開始されていたが、ここでの「試行」とは、2021年10月23日、立法府である中国人民代表大会常務委員会はより広範囲の試行政策の制定権限を国務院に委任したことを指している。「全国人民代表大会常務委員会の国務院への部分地域における国務院が不動産税改革試行工作を展開することの委任についての決定《全国人民代表大会常务委员会关于授权国务院在部分地区开展房地产税改革试点工作的决定》」

9）試行内容の中身については、楊華・張忠任「中国におけるバブル抑制のための不動産税制改革について」総合政策論叢24号17－32頁（2012年）を参照されたい。

10）近藤大介「中国〔不動産税導入決定で富裕層が恐れ慄く〕」現代ビジネスHP（2021年10月26日号）（https://gendai.ismedia.jp/articles/-/88634［最終確認日2021年11月19日］）。

バブル」は、政府による統制強化の結果であると判断する他の書き手による記事もあった（2021年10月19日）[11]。もはや「左翼も右翼」[12]もない時代において、なお世論をひとつの「総意」へと誘導するジャーナリズムの目論見は理解に苦しいところはあるものの、国際社会が社会主義国家に対して抱く強権と独裁のイメージが拭えないことは、社会主義育ちの筆者にとって、噛みしめるべきものである。

ただし、ジャーナリストたちと富裕層たちが戦慄を覚える理由については考えてみる価値がある。仮に、不動産税試行決定という立法行為によって、ジャーナリストたちの予言する文化大革命の黒歴史を再来させる可能性があるとしても、「それ」は具体的にどのように再来するのだろうか。

「中国のルイスの転換点」が観察されたこととほぼ同時期に、中国政府は、不動産税をも視野にいれた「租税法律主義」[13]という租税立法の方針を明確に打ち出し、着実に法整備を行ってきた。着実性を証明するひとつの顕著な事実として、2013年、「最初」[14]の日本租税法を紹介する『租税法概説』が中国語に翻訳され出版されたことをあげられる（「租税法律主義」を明言する国は、主要国中で日本だけである。）。また、この本のなかの「私有財産制と契約の自由を基礎とする資本主義経済体制の下に租税がある」というニュアンスがそのまま訳本に残されたことは、実に興味深い。この部分を再録しておこう。

「租税制度は、自由主義国家の存立に不可欠の要素である。私有財産制と

11）砂川洋介「習近平が“自爆”へ…中国〔不動産バブル〕潰しで、中国国民たちの〔怒りと反乱〕が始まる！」現代ビジネスHP（2021年10月19日号）（https://gendai.ismedia.jp/articles/-/88020［最終確認日2021年11月19日］）。

12）浅羽通明『右翼と左翼』（幻冬舎、2006年）。

13）原語は「税收法定原则」である。直訳：法律に基づく租税の原則→対訳：「租税法律主義」となろう。

14）中里実ほか編（西村朝日法律事務所西村高等法務研究所監訳）『日本税法概論』（中国・法律出版社、2014年）の「中国語版への序言」（中里実・2013年12月10日）は、「今日までは、日本の税制および税法理論に関する中国語の専門書はまだ存在していない。」と述べる（001-002頁）。この中訳本の日本語版は、中里実ほか編、『租税法概説（第２版）』（有斐閣、2011年）である。

契約の自由を基礎とする資本出経済体制の下、国家は原則として自前の生産手段を持たないから、公共サービスの提供に要する財源の主要部分は、私的部門で生産された富の一部を租税として徴収することによって調達するよりほかはない（無産国家＝租税国家）。」[15)]

該当する部分については、2018年の第３版では、以下のように表現されている。「わが国を含む現代の国家の多くは、私有財産制と契約の自由を基礎とする資本主義経済体制を選択している。そのような国家は、市場で十分に提供されない財やサービス（経済学的意味における公共財）を供給するあたり、国家自身の生産手段の保有や、公共のための財やサービスの提供を私人に強制するという手段に拠るのではなく、私的経済部門（企業・家計）で生産・保有される経済的価値の一部を、一方的・強制的な金銭給付すなわち租税の形式で自らの手に移し、その金銭を対価として用いて、公共財の生産・供給に必要な人的・物的要素を私的経済部門から、市場すなわち価格による資源配分メカニズムを通じて調達すること、を原則とする。」[16)]

ジャーナリストたちを見習った政治的な煽動では決してなく、客観的な見方を取れば、このニュアンスが堂々と「検閲」のとりわけ厳しい中国語に翻訳・出版されたことには、人民の租税意識を定着させるための一種の内なる需要が必ずあったと見られる。ただ、これら引用部分における「主義」のカテゴライズを再読すると、まさしくこのような「社会」主義対「資本」主義という認識上の開きは、幾つか重要な問題提起をしていることに気付く。

例えば、不動産税試行決定は、中国政府の不動産投資（投機）に向けた「軟着陸政策」[17)]の一部とみなされるが、それは資本主義の目線から理解できる格差是正だけのことだろうか[18)]。逆に言えば、いつからか「福祉国家」を

15）中里実ほか編（2011年）、前掲注14、７頁。
16）中里実ほか編『租税法概説（第３版）』（有斐閣、2018年）９頁。
17）2021年12月６日の中国社会科学院主催「『経済ブルーブック：2022年中国経済情勢の分析と予測』についての発表報告会」においても、「積極的に不動産軟着陸を推進する」ことが指摘されている。
18）関辰一「軟着陸に向かう中国不動産市場」日本総研 HP（https://www.jri.co.jp/

目指し始めた資本主義で理解されてきたガバナンスによる格差是正とは、単に「財産（富）」を右から左へ、上から下へ動かし、その所有者の名義変更を促進する法的環境を整えることに限ってよいだろうか。

そもそも、文化大革命のイデオロギーも、建前上では「資本主義」との闘いであったが、その内実は、「資本」や「財産」などの概念があってはならないのではなく、これらを「私有」してはならないだったはずである。にもかかわらず、文化大革命当時の「計画経済期」とは異なり、1978年改革開放以後、「資本主義的なもの」や「私有」などの概念は、「人権」の付随物としてようやく認められるようになった。そうすると、肝心の問題は、なぜ、国際社会によって人権無視としか評されてこなかった中国政府が、2000年以後、物権法（2007年、2020年民法典として統合される）において、「私有」を認め、今更社会の「共同富裕」（「共に豊かになる」スローガン）[19]のために、租税を強化せざるを得なくなったのか、ということになろう。

もう一度、経済現象へ立ち戻ることにする。2020年、中国の都市化率は64％に達し、先進国の70％に近づいた[20]。国土の面積から考えても、今後の

---

page.jsp?id=39429［最終確認日：2021年12月20日］）。

19）この概念の初出は、中国共産党中央委員会の1953年12月16日に通過した「中共中央農業生産協同組合についての決議（《中共中央关于发展农业生产合作社的决议》）である。

「为着进一步地提高农业生产力、党在农村中工作的最根本的任务、就是要善于用明白易懂而为农民所能够接受的道理和办法去教育和促进农民群众逐步联合组织起来、逐步实行农业的社会主义改造、使农业能够由落后的小规模生产的个体经济变为先进的大规模生产的合作经济、以便逐步克服工业和农业这两个经济部门发展不相适应的矛盾、并使农民能够逐步完全摆脱贫困的状况而取得共同富裕和普遍繁荣的生活。」（「農業生産力を一層高めるために、党が農村で働く最も根本的な任務は、分かりやすく農民が納得できる道理と方法で農民大衆の漸進的な連合組織化を教育し促進し、農業の社会主義改造を漸進的に実行することである。農業を後進的な小規模生産の箇人経済から先進的な大規模生産の協同経済に変えることによって、工業と農業という二つの経済部門の発展の不相応な矛盾を克服し、農民を徐々に完全に貧困の状況から脱却させ、共同の豊かさと普遍的な繁栄の生活を得ることができる。」）

20）中国「第七次全国人口普查公报（第七号）2021年５月11日公表」中国国家统计局HP（http://www.stats.gov.cn/ztjc/zdtjgz/zgrkpc/dqcrkpc/ggl/202105/t20210519_1817700.html［最終確認日：2021年12月20日］）。

都市部で新たに不動産住宅を所有できる物理的な可能性は低くなる。また、2020年、中国都市部の一人当たりの住宅面積は39㎡に達し、数多くの「鬼城」[21)]が生まれたほど、統計学上の住宅配分問題はなくなったと言えよう。だが、（本書全体を通じて見ていくが）経済発展に伴う「格差・富の分配・再分配問題」、ないし、「私的所有」に関連する法的問題は、日を追うごとに顕在化している。土地の「実質的所有権」が、70年間などの「上限付き」の「使用権」にしかすぎないことを規定する中国政府にとっては、1990年に「使用開始」を認めてから、一定の年月が経っているので、よりスマートな租税ロジックの模索が必要であろう[22)]。

他方、経済学上の「消費者心理」のような変数も無視できない。『2021年中国都市賃貸住宅ブルーブック』[23)]の統計では、2030年、中国の賃貸市場の

21）Wade Shepard, Ghost Cities of China, Zed Books, 2015. 本書の作者は悲観的ではないし、ごく一部（オルドス市カンバシ新区、鄭州市鄭東新区など）は回復の見込みもあるが、全体の回復はまだ見込まれていないのではないだろうか。「廃虚になったマイホーム：中国“鬼城”住民の闘い」NHK・BS1スペシャル（2021年９月25日初放送）（https://www.nhk.jp/p/bs1sp/ts/YMKV7LM62W/episode/te/KQJ2N6QN67/［最終確認日：2021年12月20日］）に紹介がある。

22）中華人民共和国民法典のなかでは、「使用更新」は認めている（「住宅建設用地の使用権が期間満了になった場合、これを自動更新とする。更新料の納付、また減免については法令や行政規定に準じて取り扱うものとする」（同法359条）。

23）自如研究院・新華網統計編纂、2021年11月16日公開。また、2021年３月５日の中国人民代表大会第四回会議の「政府工作報告書」のなかでは、賃貸市場の安定の確保を指摘している。

「保障好群众住房需求。坚持房子是用来住的、不是用来炒的定位、稳地价、稳房价、稳预期。解决好大城市住房突出问题、通过增加土地供应、安排专项资金、集中建设等办法、切实增加保障性租赁住房和共有产权住房供给、规范发展长租房市场、降低租赁住房税费负担、尽最大努力帮助新市民、青年人等缓解住房困难。」（「大衆住宅の需要をしっかり保障する。住宅は住むためのもので、不正売買のためのものではないという位置づけを堅持し、地価、住宅価格、予想を安定させる。大都市の目立つ住宅問題の解決、土地供給を増やすこと、目的資金を配置すること、集中建設をするなどの方法を通じて、切実に賃貸住宅と共有財産権保障住宅の供給を増やし、長期賃貸市場の発展を規範し、賃貸住宅の税負担を軽減し、新市民、青年など、住宅難解消を最大限に助ける。」）

一方、賃貸市場の拡大によるトラブル増加という見方もある。東方新報 HP（2021年11月27日）「持ち家大国・中国で賃貸市場が急拡大 トラブルも増加する理由は？」（https://news.yahoo.co.jp/articles/58db3db1fb357495a8b0fac210d61d4ff1f1ab99［最終

規模は10兆元近くにまで達し、都市部の賃貸人口は2.6億人を超えると予測されている。また、このレポートの中にあるひとつ重要な指摘は、今後の中国の不動産市場においてますます広がりを見せる「以租養租」のスタイルのことである。このスタイルとは、賃貸物件を選択する人口のうち45％の人々が、自身は住宅資産を所有しながら、それを賃貸に出すことで得られた家賃収入を、自身が居住するための住宅を賃借するための支払い家賃に回す、というものである。このような不動産住宅との関わり方が主流化することから、中国の不動産税の意義は、単に富裕層の「所有物」を制限することにあるのではなく、社会全体において、不動産住宅のみが資産化することへの警戒にあると考えられる。富裕層ではなくても、たったひとつの住宅を所有しても、それを「資産」として運用する場合には重い税率が課される[24]ことから、次節で見る判例において認識されてきた日本の固定資産税の「物税支配」とは異なり、住宅の使用目的（実態）を考慮していると言える（日本の場合、消費税などで調整している[25]）。

もちろん、2008年前後から始まったとされる中国の「不動産バブル」[26]期間において、中国人民の所有している資産のうち、不動産の占める割合は、2005年の62.8％から2019年の55.2％へと低下したものの[27]、人民が「私有して

確認日：2021年12月20日]）。

24）現段階の「試行」の基準は、1986年９月15日公布、国務院、国発〔1986〕90号『中華人民共和国家建物税暫定施行条例』に依拠している。

「第四条　房产税的税率、依照房产余值计算缴纳的、税率为1.2％；依照房产租金收入计算缴纳的、税率为12％。」（「第４条　不動産税の税率は、建物の残余価値に基づいて計算し納めた場合、税率は1.2％とする。建物の賃貸収入金額に基づいて計算し納めた場合、税率は12％とする。」）

付け加えると、ひとつの住宅を所有かつ居住のみの場合の不動産税の税率は、資産価値の剰余価値（１－20％～30％）の1.2％で計算されるが、その他の減免措置があるため、納税義務者が実質的に負担する税率は１％以下となるだろう。他方、居住せず、賃貸の場合の不動産税の税率は、減免措置がないため、賃料の12％のままとなる。

25）消費税法６条、別表第１。そのほか、住宅用地の軽減（地方税法349条の３の２）、新築住宅の特例（地方税法附則15条の６）、新築優良住宅の特例（地方税法附則15条の７）がある。

26）楊・張、前掲注９。

27）2021年12月15日の西南财经大学金融学院・天弘基金・21世纪资本研究院の最新調査

いる財産」は、住宅用不動産のほかにはないという現象も見られる。唯一の「資産」の値下げを「強権」で行ってしまうと、国家GDPも一気に下がることになりかねないので、ほかの「資産」を誕生させるために、租税でバランスを図ろうとしているのではなかろうか。

こうしたことは、社会主義国家の法体系全般の解釈にも現れている。騒ぎを起こした「恒大集団」が手掛けていた住宅不動産開発の物件の中には、債務弁済のために人民法院によって差し押さえられた物件も多くある。このような差押え物件の買い手である人民が購入代金の支払いを完了しても、居住を目的としない場合、これらの物件に対する人民の所有権は認められない[28)]。このように生活ベースである「居住」を守る方針は、中華人民共和国

（「中国住民資産運用の穏健発展についての報告《中国居民稳健理财发展报告》」）。

28） 中華人民共和国最高人民法院、（2020）最高法民終580号（2020年9月21日）。

「中银公司在提交答辩状期间提出管辖权异议、上海二中院于2015年5月12日作出（2015）沪二中民六（商）初字第4号民事裁定、驳回中银公司管辖权异议。中银公司不服提起上诉、上海市高级人民法院于2015年8月31日作出（2015）沪高民五（商）终字第41号民事裁定、撤销一审裁定、将本案移送一审法院处理。」

一審（2019年8月30日作出（2019）新执异1号执行裁定）では、人民法院は、「《最高人民法院关于人民法院办理执行异议和复议案件若干问题的规定》」28条金钱债权执行中、买受人对登记在被执行人名下的不动产提出异议、符合下列情形且其权利能够排除执行的、人民法院应予支持：(一)在人民法院查封之前已签订合法有效的书面买卖合同；(二)在人民法院查封之前已合法占有该不动产；(三)已支付全部价款、或者已按照合同约定支付部分价款且将剩余价款按照人民法院的要求交付执行；(四)非因买受人自身原因未办理过户登记。」に従い、原告が登記手続きを行っていなかったこと、2015年5月1日交付より前の2015年1月20日に差押されたこと、の二点に基づき、人民法院の強制執行の法益を認めた。

二審（2019）新民初21号では、控訴人は、不動産に対する「期待権」を有することで、人民法院の強制執行の法益を排除できると、29条「金钱债权执行中、买受人对登记在被执行的房地产开发企业名下的商品房提出异议、符合下列情形且其权利能够排除执行的、人民法院应予支持：(一)在人民法院查封之前已签订合法有效的书面买卖合同；(二)所购商品房系用于居住且买受人名下无其他用于居住的房屋；(三)已支付的价款超过合同约定总价款的百分之五十。」が適用されるべきと主張した。

最高人民法院は、上告人は居住目的としないことから、係争中の不動産の「期待権」を認められないと判示した。また、中華人民共和国物権法9条（2021年1月1日より、中華人民共和国民法典209条）に従い、上告人は、登記手続きを行っていなかったため、売買契約書に基づき、不動産開発業者に対する「請求権」を有するが、不動産の所有権を有していないと判断した。

民法典の「居住権」からも窺われる[29)]。不動産税試行決定が物語る表層現象は、間違いなく、資産化への警戒＝資産家への警鐘である。しかし、だからと言って、ジャーナリストたちと富裕層たちの戦慄が、「正しい恐れ」になるような事実が既に認められているわけではない。むしろ、自らの所有（私有）物がいつか強権によって剝奪されることへの戦慄は、固定資産の所有（私有）が認められてきた社会でも常に生じているのではないだろうか。財産の私的所有のみが「正義」であるという認識は、財産をこのような所有の形式から遠ざけていくのかもしれない。

いずれにせよ、一国の政府の目指す「共同富裕」は、一歩間違えれば、国際的に「共同貧困」になりかねないので、この社会主義の不動産税にまつわる戦慄を覚える騒ぎが抱える根源的な問題を見るために、資本主義の法的構造下の固定資産税を再考する必要があるだろう。

2　「物税」という支配のもとで
：日本の固定資産税判例研究についての検討

土地及び不動産が常に根源的な問題になるのには、幾つかの理由がある。ひとつは、「土地とは何か」に関わる[30)]。常識的に考えても、原野を農地に

なお、現在進行形中の事態として、広州では、人民たちは、恒大集団への投資金の返還を求めている。CNN.co.jp ニュース HP（2021年１月４日）「中国・恒大集団に39棟の建物解体命令抗議も」（https://www.cnn.co.jp/business/35181599.html［最終確認日：2022年１月５日］）

29）中国民法典における「居住権」の大まかな位置づけは、方達法律事務所日本業務チーム著・孫海萍編著「Ⅳ居住権制度の導入」『新しい中国民法』（商事法務、2021年）62－74頁を参照されたい。

なお、日本の「配偶者居住権」の税務については、八ッ尾順一「配偶者居住権の税務上の取扱い：借家権と比較して」税法学585号79頁（2021年）を参照されたい。

30）租税法上も積極的にそれについて規定していない。石島弘『課税権と課税物件の研究』（信山社、2003年）456頁〔初出、1995年〕。

なお、同じ問題意識の下で、筆者は、このことを別の素材と表現を用いて論じている。沈恬恬「所有というパラドックス：固定資産税をめぐる納税義務者達」税法学584号83頁（2020年）。

し、農地を農地として生き物のように維持し、さらには、高度利用をするように、そして、埋め立て地、農地の宅地化、土地開発などがあるように、土地自体は「固定」資産でもなければ、「不動」資産でもない。土地は変化可能（隠喩法）であるため、本質的には無形である。不動産に該当する建物も、どこまでが「完成」となる[31]のかは判断しにくいかもしれない。

もうひとつは、土地をいかに利用（場合によって、所有）するかに関わる。進化論的な人間社会の歩みを見れば、農耕経済にせよ、遊牧経済にせよ、土地から収益を得られること（もちろん、労働の投入は無視できないが）から、土地は資産（財）の原型とみなされ、土地に対する支配権（の略奪）は、近代法的な関心事である。先住民問題、宗教問題などの複雑な文化人類学系列の所有権問題に立ち入らなくても[32]、土地は売買可能、相続可能であるため、近代法的関係の文脈においても、あるいは、むしろこのような法的関係の文脈においてこそ、土地は固定や不動になりにくいだろう。

さらに、土地のような無形のものを、有形化して所有することは、人間の精神は人間の肉体を介さず「現象」化できないというやや抽象的で哲学の認識論でいう物（質）の概念にも関連する。中国の道家の考えでは、「万物無形」であり、無形が有形となったきっかけは、命名行為によって自己言及的に命名されることにある[33]。人は、大地の子供のような総体としての生命体の一部であるという循環認識を認めるのであれば、法化しやすく、法の進化とともに複雑化されてきた人が物を所有するということは、実際には、人が

31） 未完成建物への固定資産税の課税の問題もある。泉徳治「判批」ジュリスト834号60頁（1985年）。

32） 例えば、中空萌『知的所有権の人類学：現代インドの生物資源をめぐる科学と在来知』（現代思想社、2019年）のような「資源論」としての問題提起を参照。

33） ここの表現は、老子の道徳経の始めにある「道の道とすべきは常の道にあらず。名の名とすべきは常の名にあらず。無名は天地の始め、有名は万物の母なり（《道德经》第一章・帛书「道、可道也、非恒道也；名、可名也、非恒名也。无名、万物之始也；有名、万物之母也。」）」、市村弘正『「名づけ」の精神史（増補）』（平凡社、1996年）、ヴァルター・ベンヤミン（浅井健二郎ほか編訳）「言語一般および人間の言語について」『ベンヤミン・コレクション１：近代の意味』（筑摩書房、1995年）９－36頁などを念頭に置いている。

物に所有される宿命に侵される状態を作り出している。租税にとっても極めて厄介な土地をはじめとする固定資産（課税物件）、並びに、これらの所有者（納税義務者）間の構図は、このような系譜を持っている。

日本では、1960年代にルイスの転換点を迎えたとされる[34)]。この視点にこだわりたい個人的な理由は、「農業部門から工業部門への労働力移転が経済成長を支える」というモデルが限界に達する時点から、往々にして、社会的文脈でも、法的文脈でも、人々の土地との関係が明確に変化する時期に入って行くと考えられるからである。これまでの日本の固定資産税関連の判例研究を縦覧（概観）すると、学説上、以下のような法（政策）的論点の変化の傾向が観察できる。

1960年代は、シャウプ勧告以後の固定資産税の在り方をめぐり、その「記帳制度」是非が問われた[35)]。1970年代初期は、土地税制の全体について議論がなされた[36)]。1980年代以後は、農地課税[37)]なども含めた日本の地価バブルに対応しようとした方針から浮かび上がる「適正な時価」という課税標準に注目が集まっていた[38)]。そのなかで、「真実の所有者」[39)]論をもって、日本の長い「平成不況」とともに、固定資産税の性格論は、「物税」とすべきとい

34）最新の応用理論として、日本社会の女性と非正規雇用者のルイスの転換点と賃金の変化についての研究がある。尾崎達哉・玄田有史「賃金上昇が抑制されるメカニズム」金融研究39巻４号55頁（2020年）。

35）渡辺洋三の指摘を参照されたい。「市民法秩序と国家権力（一）～（四）」ジュリスト169号23頁、173号52頁、175号20頁、177号32頁（1959年）、「ふたたび登記簿と台帳の一元化問題について：登記制度は何のための制度か」ジュリスト198号34頁（1960年）。

36）新沢嘉芽統「大都市圏の固定資産税の意味」ジュリスト455号10頁（1970年）、和田八束「土地税制の問題点：固定資産税を中心に」ジュリスト476号316頁（1971年）、宇田川璋仁「土地新税の構想と問題点」ジュリスト476号323頁（1971年）、恒松制治「土地政策と受益者負担」ジュリスト476号329頁（1971年）などを参照。

37）碓井光明「農地課税制度について（上）・（下）」ジュリスト757号31頁、759号102頁（1982年）を参照。

38）石島弘は、特にこの問題を追及して来た。石島弘「固定資産税の現状と課題」税研73号９頁（1997年）、石島弘「固定資産税の今日的課題」税研114号33頁（2004年）、石島弘「固定資産税の課税方式と評価をめぐる問題点」税理53巻13号162頁（2010年）、石島弘「固定資産税と評価の均衡」税研183号16頁（2015年）などを参照。

39）最判昭和47年１月25日民集26巻１号１頁、２頁。

う決着がついたように見える。ただ、物税の具体的な意味合いが財産税か収益税かについて議論されたことから[40]、この物税の性格形成には、幾つかのミスマッチがあったことが分かる。

①古典経済学を引き合いに出さなくても、議論の前提がまずある。物の税であると言ってしまえば、「物それ自体」[41]の使用価値と交換価値の両方を考えなければならなくなる。

日本に「親切な」シャウプ勧告[42]の念頭にあったアメリカの財産税との比較を踏まえ、固定資産についての評価基準を考える際、使用の比重の大きい住宅用資産（生存権的財産）と使用価値を使用して交換価値を生み出すことの比重の大きい商業用資産（非生存権的財産）を区別すべきという見解もある[43]（現行中国の不動産税の試行とは多少の類似性を持っている。）。この見解は擁護すべきだと考えられるが、その実行は極めて困難であろう。なぜなら、主に平成以後の固定資産税分野の最高裁判例の傾向を考察した論考が指摘しているように、平成25年最高裁の判旨を基準とすれば、物の評価の基準（価格争い）に対する法的判断基準は、実体的価格要件ではなく、手続き的価格要件（①地目の認定②標準宅地の適正な価格の認定③路線価付設）が中心となっているからである[44]。この動きが意味しているのは、「物それ自体」の使用価値は、ますます（もしあるとすれば）物の主観的意思とその所有者の主観的意思から離れ、より一層、見たこともない他者によって交換価値の烙印が付

40）この流れを筆者なりにまとめた内容は、沈、前掲注30を参照されたい。

41）カント『純粋理性批判』における用語「物自体（Ding an sich）」を念頭に置いている。

42）金子宏「随筆：シャウプ博士の想い出」税大論叢40周年記念論文集１頁、３頁（2018年）。

43）石島（2004年）、前掲注38、35－36頁、清永敬次「固定資産税とその評価基準の合憲性」ジュリスト786号22頁（1983年）などを参照。

44）田中晶国「固定資産税分野の最高裁判例の検討：租税法律主義と裁量統制・立法裁量・司法的救済」税法学585号151頁（2021年）、渡辺徹也「固定資産税評価と裁判例：最高裁判決を中心に」資産評価情報234号別冊６頁、13頁（2020年）。

されるようになった、ということである[45]。

②ここで二つ目のミスマッチが現れる。課税台帳（台帳課税主義）によって措定された所有者のある、市場を出歩くことを前提としない流動性のない固定資産には、如何にその交換価値を正しく見込めるのだろうか。そもそも、交換価値というミスリーディングな言葉は、未来の時点でないと、少なくとも、交換が見込まれた時点でないと、実現可能な価格（その他の物との交換をさらに可能にしていく、札束や印字された数字、通貨）が観察されえないこと、それまでは、仮にその物に何かしらの価値があるとしても、想像上の価値しか有していないという事実を覆い隠して成立している。

もっとも、固定資産税の課税標準の判断は、「資産価格」を前提根拠としているのであって、「資産価値」ではない（地税法349条１項）。というのは、法的判断は、価格の観察によって交換価値が判断可能であるという前提に立っている、ということである。しかし、（交換）価値と価格との乖離は、従来、経済学にとっても解釈しにくい現象である。この場合、取得コストだった確実な価格が、交換価値として見込まれる確実な価格を上回らないと、幾らその時価の「適正性」を「収益還元価格ではなく取引価格」で強調しても[46]、所有者だった納税義務者の認識上、この赤いマイナス部分は「価格」として、受け入れにくいであろう。もっといえば、一生に一度の買い物をした人々の固定資産は、処分の権利を有する固定資産税の納税義務者の私的所有物、つまり使用物そのものであり、「収益還元」どころか「取引」すらしていない。にもかかわらず、他の一部の人々が実現した固定資産の価格を、課税価格の「適正性」の担保とされている。このこと自体が、全く奇妙に映

45）令和４年度の税制改正における固定資産税の特例に、カーボンニュートラル関係がある。総務省 HP（https://www.soumu.go.jp/main_content/000782374.pdf［最終確認日：2021年12月20日］）。

46）付言すると、「現行法規の規定を前提とする限り、取引価格とする考え方が採用されているものとみるのが最も自然である。」（大阪地判平成11年２月26日訟月47巻５号977頁）とする判決文がある。

るのではなかろうか[47)]。

そうすると、「応益原則」を唱える地方自治体は、相対的に安定した収益を利得していることになる[48)]。この行政側にとっての「不当利得」は、厳密に言うと、交換することではなく、所有することから得られている固定資産の使用価値の上に立つものとなろう。

③この物税を、交換価値に立脚した税制と位置づけながらも、所有することとしての財産の使用価値に還元された部分を「良い所取り」するために、「物それ自体が税を負担する」[49)]という解釈を成立させることは考えられるかもしれない。しかし、それには、また次のミスマッチが見られる。

交換をしない固定資産は、いずれは「相続」されるという別のルートによってその財産移転を実現するだろう。このような予測をするかどうかは、税制設計者や立法に委任された自由であるが、相続された物は、「物それ自体」である。このとき、使用価値は、一体どのように維持されるのだろうか。維持（費)、修繕（費）が費やされなくなった物、物としての形をなさなくな

47) この点、米国の固定資産税の一部では、カリフォルニア州の1978年 Proposition 13（People's Initiative to Limit Property Taxation, Article XIII A of the Constitution of the State of California）に見られるように、固定資産評価額の増加を一定の範囲（Proposition 13では２％まで）に制限し、評価の更新を、所有者の変更（ただし、カリフォルニア州では、その後の憲法改正により、次世代への移転を除外）または新築が行われた場合に限定する措置が取られている。この制度の下で交換がない限り、課税標準が更新されないことは、逆に言えば、交換が税負担を生じさせることを意味する。つまり、このような固定資産税は、取引税としての性質を強く帯びる。

48) 大阪地判平成11年２月26日前掲注46は、「固定資産税は、土地その他の固定資産が市町村による行政サービスから受ける受益に着目して、その受益の度合いを表すと認められる固定資産税の価格を課税標準とする応益原則に立脚した財産税としての性質を有する。」と述べている。また、日本の固定資産税の税収は、1999年度をピークに減少傾向にあったが、2012年以後は比較的安定しているため、「住民サービスを提供する役割を担う市町村の財源として、ふさわしい税目である」とされる。総務省 HP「固定資産税」(https://www.soumu.go.jp/main_sosiki/jichi_zeisei/czaisei/czaisei_seido/ 150790_15.html［最終確認日：2021年12月30日］）を参照。

49) 石島（2004年)、前掲注38、35頁が引用する東京高判平成14年10月29日判時1801号61頁。

る物は、使用し続けられるのだろうか。管理の手が行き届いた物であっても、使用価値が収益を生む交換価値によって支えられ、事業やキャピタルゲインで維持される物と、身を削りながら、勤労所得によって維持される物との間に、区別はあるのだろうか。まして、このような維持と修繕は、相続される以前の使用過程でも生じている。交換価値を高めようとする商業固定資産にとっても同じだろう。

個々のミスマッチの手助けをするのは、公共の福祉という漠然とした理念の下での「応益原則」となろう。恐らく、このような「手続き的価格要件」は、平成後半の「長期優良住宅」[50]とセットされた税制上の優遇政策に多少の影響を与えているだろう。しかし、この優遇政策は、最初の交換価値に優遇される数字を上乗せし、「手続き的価格要件」の事務費（測量など）の足しにこともそれほど難しくないように思われる。根本的な大きな疑問は、すべての「手続き的価格要件」が最も満たされやすい商業用資産に隣接していても、コロナ禍のもとで施行された固定資産税の減免特例措置においては、個人の所有する居住用の家屋が減免の対象にならないことである[51]。

④「手続き的価格要件」自体のミスマッチがある。そもそも、「手続き的価格要件」を必要としている側は、手放すつもりのない所有者（なぜか＝納税義務者）ではなく、所有しようとしている側なのではないだろうか。この点について、強制的に所有権から離れた物の価値とその固定資産税の帰属先を考えてみることにする。

賃金の上昇が見込めないまま、ユーザーコストの上昇による住宅ローンの債務不履行や、固定資産税の滞納などのため、財産は差し押さえ物件となる[52]。あるいは、補助金と固定資産税の減免政策で倒産せずに、長期的に

50）平成20年12月5日に成立し、平成21年6月4日に施行された長期優良住宅の普及の促進に関する法律。

51）個人減免は、2022年終了予定である（地方税法15条の7、15条の9の2）。

52）井出多加子「不動産価格情報の現状と課題 日本の競売の事例から」日本不動産学会誌33巻4号64頁（2020年）、森岡拓郎「競売不動産の価格下落効果の推定」日本不

「不良」になる中小企業の場合も、収益では固定資産の使用・維持ができなくなると、所有権は取り上げられる。このような宿命を辿る「資産」たちの競売価格の「適正な時価」とは、「手続き的価格要件」による評価価格に、大阪・広島（0.7）、東京（0.8）の競売市場修正率を掛けた売却基準価額に、さらに、0.8を掛けた「買受可能価額」である。この「買受可能価格」は、基本的に時価の相場の56％～64％とされている[53)]。

事実に基づくノンフィクション的手法がとられるミステリー小説には、競売の法律の穴場[54)]が登場する。それを念頭に置きながら付け加えておきたいが、不慮の死が成し遂げられた物件の価格は、実体的価格となるかもしれない。その場合の固定資産税には、不当利得返還請求をめぐる謎の動きも現れている。東京高判昭和41年7月28日高民集19巻4号354頁は、後の判例の不動の座を得た「真実の所有者論」と同じように、競売物件の場合においても、不当利得返還請求を認めたが、大阪地判平成23年2月7日判時2122号103頁は、認めなかった。東京高判平成13年7月31日判時1764号61頁は、「不動産競売手続きにおいて固定資産税等相当額を買い受け人に負担させることを前提として不動産の評価がされ」ている場合に限り、不当利得返還請求ができると説いた。もし、この判断が今後の資産価値の「手続き的価格要件」に必要的に組み込まれると、逆説的に、すべての固定資産の「所有」は、「強権」による剝奪の価格をも想定した上の価格でなければならないことになる。

もうひとつ、中古の家屋についての判例研究をあげる[55)]。この判例研究が言及した判例は、中古の家屋の時価をめぐって、課税標準を150万と決定されて登録されたリゾートマンションの一室の交換価値（売買価額）がせいぜ

動産学会誌32巻3号78頁（2018年）を参照。

53) 井出、前掲注52。なお、民事執行法60条参照。また、栗田陸雄「判批」判時1806号176頁（2003年）。

54) 宮部みゆき『理由』（朝日新聞社、1998年）。

55) 吉田正毅「判例研究：固定資産税における家屋の時価」税法学585号239頁（2021年）。東京高判令和2年11月24日（未登載）（令和2年（行コ）103号）に関するものである。

い10万円しかないことが明らかにされた場合においても、150万円の登録価格による固定資産税の課税を認めたものである[56]。ここには、登録価格をはるかに下回る売買価格もまた、固定資産税の課税標準としては「違法」となり得るジレンマが認められる。言い換えれば、仮に「手続き的価格要件」に従えば（「交換価値」であると想定されているはずの）「使用価値」150万円を証明できても、実際には、それは「交換価値」にはならないのである。要するに、この判例研究が示したことは、「手続き的価格要件」と「交換価値」と「使用価値」の関係を、現実の取引価格などの別の角度から反証できるということである。これこそ、資本主義の「強権」によって支配された全くの不自由な自由経済のなかにある物税の「本性」（性格）ではないだろうか。

他方、この判例研究のなかでも指摘されたように、この判例のような事件は多くあるだろうが、裁判コストを考えると、これは顕在化しにくい「価値のない」例外的な争いであるかもしれない[57]。しかし、裁判コストを支払っても、争われたということは、争うこと自体は価値のあることを示している。例外や「例外状態」[58]こそが、この裁判例の存在意義であろう。

この存在意義は、原告が10万円の資産価値しかない家屋を放棄する（国庫に帰属させる）意思を示したことから納税義務者が異なる、つまり、原告ではなく国が納税義務者であると主張した部分を、1960年代に議論された記帳制度の当否が、半世紀後の資産価値の下落とともに「所有者不明の問題」と

56）東京高判、前掲注55は、「…評価対象の家屋に適用される評価基準の定める評価方法が適正な時価を算定法として一般的な合理性を有するものであり、かつ、当該家屋の基準年度に係る賦課期日における登録価格がその評価方法に従って決定された価格を上回るものでない場合には、その登録価格は、その評価方法によっては適正な時価を適切に算定することのできない特別の事情の存しない限り、同期日における当該家屋の適正な時価を上回るものではないと推認するのが相当である（前掲最高裁平成２５年７月12日第二小法廷判決参照）ところ、控訴人の上記主張及び立証は直接本件家屋の適正な時価を主張及び立証しようとするものであって、上記特別の事情が存することの主張及び立証とはいえない。」と述べた。

57）吉田、前掲注55、240頁。

58）ジョルジョ・アガンベン（上村忠男ほか訳）『例外状態』（未来社、2007年）を念頭に置いている。

して浮かび上がったと考えることもできる。物税であるため、所有者は、交換価値が想定された所有を通じて使用価値を得ようとする資産のために、別の交換財＝貨幣を必要とする。このことは、使用する場合も相続する場合も、同じように生じる。そのため、固定資産は、少しずつ、「負動産」となり、「所有者不明」となるのである。これは、所有者と価値の記帳によって納税義務者に課税物件を帰属させたはずの法的方法が、その性格を「物税」とされたがゆえに、人と物の分離現象を起こしたからだと考えられる[59)]。では、法的介入によって、天秤の右側（若しくは、左側）の錘を、左側（若しくは、右側）に置きなおし、権利関係を再結合させる（私有の代わりに国有にする）ことで、固定資産税を再創出することは可能だろうか。次節では、租税それ自体の「強権性」を視野にいれて、この可能性について考察する。

3　統合し得ない帰属
：所有者不明土地の再利用とアメリカ法の参考基準

日本における「記帳」の問題は、深い思想的根源を持つ。「人を記帳すること（戸籍）」について深く追求した遠藤正敬の研究によれば、戸籍は、国が民に対する徴税を実行するために、行政上の記録台帳として発展してきた。このため、戸籍に記載されない者は、課税を逃れて浮浪する罪人を意味していた。戸籍にない者＝定住しない浮浪人＝犯罪者という図式すら出来上がっていた。「無宿」は、厄介者や背徳者というレッテルが付いて回ったといわれている[60)]。この記帳における「背徳性」は、民法750条及び戸籍法74条１号を合憲とした最高裁判決[61)]にも多少なりとも影響しているだろう。同判決は、最大判平成27年12月16日民集69巻８号2586頁の法廷意見を援用した

59）この問題意識については、沈、前掲注30を参照されたい。

60）遠藤正敬『戸籍と無戸籍：「日本人」の輪郭』（人文書院、2017年）335頁など。

61）最大判令和３年６月23日判タ1488号94頁

が、「国民福利の向上」という反対意見もある[62]。ただ、「国民福利の向上」の背後には、福利なき者は「背徳性」を持つ者であるというニュアンスも読み取れる。他方、本書と密接に関係するのは、「物を記帳すること（台帳）」のことである。これも、言ってみれば、「宿主」が人でなければ、「無宿の宿」が厄介者になるという「無宿」の「背徳性」にまつわることである。

「民法等の一部を改正する法律」[63]と「相続等により取得した土地所有権の国庫への帰属に関する法律」[64]（以下「相続土地国庫帰属法」という。）が、2021年４月21日に成立し、同月28日に公布された[65]。2014年の空き家対策特別措置法（空き家等対策の推進に関する特別措置法）[66]から「所有権上の問題に切り込む」[67]形で、登記官に職権による情報収集と登記を可能とし、土地の所有権を制限する方向で、罰則を設けて土地の相続登記を義務付け、相続した土地を放棄できる制度を創設したことは[68]、民法学が踏み出した所有者不明土地問題の解決に向けた第一歩である。ここには、前節で取り上げた10万円の家屋の行き先の明るい兆しが見られるだろう[69]。

しかし、この改正は、相も変わらず所有者不明土地問題の発生の根源を相

62）最大判平成27年12月16日民集69巻８号2586頁は、「夫婦同氏制が、…直ちに個人の尊厳と両性の本質的平等の要請に照らして合理性を欠く制度であるとは認めることはできない」と述べていた（2595頁）。これに対して、最大判、前掲注61の草野裁判官の反対意見はこうである。「夫婦同氏制は、婚姻によって氏を変更する婚姻当事者に少なからぬ福利の減少をもたらすものであり、この点を払拭し得る点において、選択的夫婦別氏制は、確実かつ顕著に国民の福利を向上させるものである。」（判タ1488号118頁）。

63）令和３年法律第24号（同法第１条関係による民法262条の２、３の新設等）。本書執筆時点で未施行。

64）令和３年法律第25号。本書執筆時点で未施行。

65）特集「所有者不明土地と民法・不動産登記法改正」ジュリスト1562号14－61頁（2021年）。

66）平成26年法律第127号。

67）高村学人は、「「空家法」は、「所有権上の問題に切り込むものとなっていない」と指摘している。「土地・建物の過少利用問題とアンチ・コモンズ論」論究ジュリスト15号62頁（2015年）。

68）日本経済新聞・朝刊（2021年３月31日）社説。

69）吉田、前掲注55、240頁。

続時の「登記漏れ」に求めており、相続登記や住所変更登記の申請を義務化することに矢を向けただけではないかと思われる。筆者の既刊論文にも触れたように[70)]、民法学上の処理として「宿主」を「国庫」に記帳すれば、ひとまず万事安泰になるという発想は、記帳された個人の資産と国家（国庫）との関係について説明できない。なぜなら、背徳性（のまつわる例外や判例など）の発生は、記帳されたかどうかとは無関係であり、それは、（「適正な時価」の文脈と合致しない）価値があるかどうか、需要があるかどうか、欲望の対象と成り得るかどうか、といった事柄に関係するからである。所有権を放棄された固定資産を組織的に利用するための国庫の管理コストやモラルハザードなどに関する指摘があるように、これらは背徳的な物たちであるがゆえ、さらにその物の価値（価格）を「値引き」していく、という悪循環に陥る可能性もある。これらの点に留意した上で、ここではまず、ポジティブな可能性を考えてみる。

参考にできる解決策は、「放置された空き家の権利関係を整理し、空き家を解体した上で土地を束ねて保有することで将来の望ましい土地利用への転換を目指」[71)]す、アメリカの一部の州や都市で施行されているランドバンクシステムである[72)]。日本で行うとすれば、地方自治体の都市計画による環境の「再利用」の促進によって、固定資産税を一種の「環境使用税」としてアレンジする考え方である[73)]。（しかし、この考え方は、独創的なものではなく、原理的に見れば、例えば「震災復興特別所得税」のような歪みのある理論に基づくのではないだろうか。所得との関係は、次章で述べる。）

確かに、経済学の第一原理として、欲望が膨張しないところに収益はない。再利用による「価値創造」をすれば、欲望から貨幣を吸い上げられるかもしれない。ところが、ここで指摘しておかなければならないのは、コロナ

70）沈、前掲注30。

71）高村、前掲注67、63頁。

72）高村、前掲注67。

73）諸富徹は、「所有」から「使用」へ、という提言を行っている。『人口減少時代の都市』（中央公論社、2018年）。

禍によって自宅軟禁状態が持続的とり、ランドへの欲求が、外に、つまり実在空間に拡張するのではなく、うちに、バーチャル空間に広がるということである。つながりへの欲求は膨張するだろうが、その実現方法は変わるのであろう。そうすると、相続という縦軸から切り取った所有権・税が、果たして、共同利用権・使用権＝税という横軸へ移行できるのだろうか。また、そもそも「所有権上の問題に切り込む」ことは、どのように租税法に投射されるだろうか。

概念としての租税との関係でランドバンクにおいてネガティブに映りやすいのは、ランドバンクへの移転が、原則として補償を伴うものではないため、物としての taking なのか、物の価値に対する taxing なのかの問題が現れることである。例えば、石村耕治はこのように問題を提起している。

「課税（taxing）も、国民の私有財産を公共の用に供することでは、公用収用（taking）と同じような性格を有する。しかし、公用収用（taking）については正当な補償（just compensation）が必要とされる。一方、課税（taxing）については、対価支払いのない一方的な義務とされる。この背景には、公用収用の考え方は、財産法、すなわち財産公法（public law of property）や財産私法（private law of property）の体系とリンクしているのに対して、課税の考え方は、このような財産法の体系とはリンクしていないことが考えられる。…「金銭その他金銭等価物は（money and other fungible property)」は、原則として正当な補償を要する公用収用（taking）の対象とならない。公用収用の対象となるのは、「現物財産（discrete property)」、つまり、「物（things）である。課税（taxing）は、金銭（貨幣形態）による公権力の行使（confiscation of money）である。このことから、公用収用／課税分離論のもと、仮に課税に対しても財産保障 / 公用収用条項が適用になるという前提に立ったとしても、結果的には、正当な補償の保護の対象から外れることになる。」[74]

74） 石村耕治「財産権の保障と課税の限界：アメリカ法を手掛かりに」獨協法学113号340頁（2020年）。ただし、「注５：もちろん、財産税（property tax）のように、課税

要するに、強権側の正攻法としては、「公共の福祉」や「応益原則」などの文脈のなかで、税金の滞納があったことなどを契機として、物の価値へのtaxingを実現するために、takingを認めることになろう。ただし、このまま取得できたとしても、「補償なし」で土地や建物の権原（法的所有権、title）を所有者から取り上げて、ランドバンクに移転できるか否かの憲法上の原則的な問題が立ちはだかる[75)]。一方では、日本の空き家対策特別措置法の趣旨についても、以下でみるアメリカ一連の判例にもあるように、犯罪の温床といった問題と絡ませて、社会の危険性を掻き立てる物の背徳性を強調することも、できたはずである。

例えば、Yxta Maya Murray[76)]によれば、デトロイト市でのランドバンクへの土地の権原移転や荒廃建物の除去に関して、ミシガン州では、興味深い法的対照性が見られる。すなわち、一方において、同州では、連邦最高裁が、連邦憲法第5修正に関して、Kelo v. City of New London, 545 U.S. 469 (2005) とそれ以前の Hawaii Hous. Auth. et. al. v. Midkiff, 467 U.S. 229（1984）において、"public use or purpose" による公共の使用または自治体の収用権限を広く認める判断を下したにもかかわらず、同州最高裁は、2004年に、County of Wayne v. Hathcock, 684 N.W.2d 765（Mich. 2004）において、不動産の移転一般的な経済的利益は公共の使用または利益に該当しないとして、Pfizer社が使用すための土地の収用を認めない判決を下した。そして、同州は、この州最高裁の判断を維持するために、2006年に州憲法の改正を行い、さらに、Uniform Condemnation Procedures Act, MICH. COMP. LAWS § 213.55（2010）の改正を行っている。

他方で、このような収用権限を制約する方向とは対照的に、生活妨害資産（nuisance properties）については、補償なしに、削減し、破壊し、場合によ

と財産法が密接にリンクする場合もある。」と述べられている。

75）石村、前掲注74。

76）Yxta Maya Murray, Detroit Looks Toward a Massive, Unconstitutional Blight Condemnation: The Optics of Eminent Domain in Motor City, Geo. J. on Poverty Law & Policy, 395 (2016).

っては取得することを、連邦憲法第５修正が認めていることを背景にして、デトロイト市では、Detroit's illegal Nuisance Abatement Program（NAP）という「プログラム」が策定され、荒廃したと認められる数千の土地建物を、補償なしにDetroit Land Bank Authority（DLBA）が取得し、再開発することが進められた。このような取得を認めた判決として、Wayne County v. Aggor, (July 19, 2007)[77], Duggan v. 13929 Artesian, Detroit, MI 48223がある。

また、Yxta は、Police Power による没収等についての刑事法上の問題も論じている。すなわち、Bennis v. Michigan, 516 U.S. 442（1996）は、Mugler v. Kansas, 123 U.S. 623 (1887) に基づき、売春のために用いられた自動車がミシガン州の生活妨害防止法で押収された場合に、裁判所によるその自動車の売却を認めた。そして、一連の裁判例は、私有財産が犯罪に関係して使用されたとき、その没収（forfeiture）を認めてきた[78]。しかし、NAP は、犯罪ではなく、壊れた窓、開いたままのドア、雑草などを理由として対象財産を選出していると述べている。権原の移転には、補償はない。そして、このような権原移転が大量に行われている。DLBA は、2002年以来、数千の権限取得の訴訟を提起してきており、12年間でデトロイトを綺麗にしたとしている。

他方では、taxing できる物の価値を獲得したいがために taking した物が、結果的に公共のために用いられていない場合や、そもそも犯罪に関係していなかった場合、本来は、正当な補償が必要とされるはずである。にもかかわらず、補償はない。このような解決策のもとで、「百姓一揆」は起きないとしても、つまり、奪われる側に戦略の選択肢はない（ナッシュ均衡に至らない）としても、それが「成長」を目標とする社会・経済に貢献にできるのかは疑問である。

77）未登載であるが、https://law.justia.com/cases/michigan/court-of-appeals-unpublished/2007/20070719-c266183-107-266183-opn.html［最終確認日：2021年12月18日］

78）Yxta, supra note 76, at 406.

今日、土地や住み処、あるいは、環境にまつわる新たな切り札となる言葉は、「持続可能性（のある社会)」である。この言葉は、現在どれだけ「満タンにチャージ」しても、古き良き過去の100％には戻れないこと、縮小し、衰退し、欠けたままのせいぜい80％の状態であることを含意している。この状態は、物（ここでは、固定資産）の価値の100％未満であると同時に、帰属先の人（口）の変化との連動においても、100％未満が継続されることを示している。次章では、物税の帰属先である「人」がいかに社会という環境（土地）へと帰属していくのかを見ていくことにする。

第二章　人の価格：リスクというクスリ

1　課税されるケア：アメリカ医療保険改革への眼差し

マイケル・ムーア監督は、2007年6月『シッコ Sicko』[1]というドキュメンタリー映画（以下「映画」という）を世に送り出したとき、その3年後の2010年3月に、アメリカでは医療保険改革法（Patient Protection and Affordable Care Act）[2]が制定されることを希望していたのだろうか。また、この法案が直ちに裁判沙汰になって、さらに3年近くの歳月をかけ、2012年6月となって一応はアメリカ連邦最高裁の「合憲」の判断を得たことを予測していただろうか。

映画の冒頭では、ムーア監督が提示した自分自身のメッセージはこうである。「この映画は、約5000万人の医療保険未加入者のためのではなく、むしろ、医療保険に加入している2億5000万人のあなたたち（you）、すなわち、アメリカン・ドリームを信じる人々」のための映画である[3]。

映画のなかで描かれた「テロより怖い、医療問題」[4]を抱えた当時のアメリカは、民間保険が中核的な役割を担っている、日本のような包括的な公的医療保険が整備されていない、国民皆保険制度のない唯一の先進国であっ

1）『シッコ Sicko』監督・脚本：マイケル・ムーア、製作：メーガン・オハラ、マイケル・ムーア、上映時間113分、公開2007年6月22日（アメリカ）、2007年8月25日（日本）。以下、日本の（字幕版）で引用する。

2） 石村、第一章前掲注74の訳語は、「患者保護・医療費負担適正化負担法」である。115頁。「オバマケア」とも呼ばれる。

3）『シッコ Sicko』、前掲注1、0：03：24。

4） 日本公開時のキャッチコピーである。映画チラシサイト HP（http://eiga-chirashi.jp/view_item.php?titleid=4775［最終確認日：2021年12月18日］）。

た。そのような制度の国のなかで無保険のまま生きるために、自分で傷口を縫う人や、仕事で誤って切断した２本の指のどれを接合するかに関して、安い方の指の手術費用を選択せざるを得ない人や、がんの高額な医療費を支払うため自宅を売り、子供たちの世話になる老夫婦などなどの「狂人・病人」の人々が登場する。他方、民間保険業者にとって、保険給付は「医療損失」[5)] となるので、「まるで殺人事件の捜査」[6)] のように申請書のミスや既往歴などを調べ、申請に対する否定的見解（否認状）にサインする審査医にボーナスを出し[7)]、持病のある保険リスクの高い者の申請を拒否し続けていた。このような社会実態は、オバマケア法[8)] が第111連邦議会で制定された2010年でも、なお続いていた[9)]。

ところが、「アメリカン・ドリームを信じる人々」に問いかけたこの映画の続編となる「現実」は、決してアメリカン「自由」をあきらめないようなアメリカ型の福祉国家政策の是非を問う形で、連邦最高裁の舞台において上

5）『シッコ Sicko』、前掲注１、０：19：33。

6）『シッコ Sicko』、前掲注１、０：21：53。

7）『シッコ Sicko』、前掲注１、０：19：21。

映画のこの場面は、現実の訴訟事件である Maria Watanabe v. California Physicians' Service, 169 Cal.App.4th 56（2008）の事案に基づくものである。この事件では、頭痛や目眩を覚えた原告が、契約していた医療保険会社とその保険査定をする組織から、担当医の指示した MRI の検査の医療（費）提供を拒絶され、これを争った。原告は、結局、日本で脳腫瘍を発見された。しかし、裁判所は、原告の訴えを認めなかった。

8） Patient Protection and Affordable Care Act of 2010, 124 Stat. 119.

9）坂田隆介「医療保険改革法とアメリカ憲法（1）（2・完）」立命館法学356号１頁（2014年）、359号75頁（2015年）。坂田の引用によれば、「2010年の時点の無保険者が約4990万人、国民の16.7%にまで達し」た（2014年２頁）。また、「64%の約１億9590万人が民間保険に加入していたが、そのうち約86%の１億6900万人が雇用主提供の医療保険に加入し、個人が保険会社との間で直接的に保険加入しているのは約5.9%の3010万人にとどまっている。」（2014年７頁）。

ここの原資料は、U. S. Department of Commerce. Economics and Statistics Administration, Income, Poverty, and Health Insurance Coverage in the United States: 2010 (2011), at 23-29（https://www.census.gov/prod/2010pubs/p60-238.pdf［最終確認日：2021年12月18日］）である。なお、原資料との比較をすると、坂田論文の上記16.7% は、16.3% の誤りである。

また、『シッコ Sicko』、前掲注１、にも、アメリカの医師会の反対が描かれている。

映された[10)]。最終的に、連邦最高裁の「正当性」が維持された点において、憲法学者らの合意を得て、その幕を閉じたように見える[11)]。また、日本国の憲法25条によって保障されるはずの生存権の概念も、社会保障を考える上で、憲法上生存権の規定のない（実定法による保障される）アメリカ型の福祉国家の在り方と対置され、問い直されることとなろう[12)]。

ただし、憲法学者らの指摘にもあったように、このアメリカ型の福祉国家の在り方を巡る闘争が、争点のひとつである「個人への保険加入義務付け条項」[13)]が合衆国憲法１条８項１号「一般福祉条項・課税権条項」の枠組みにおいて解釈されたことによって、かの「生存権」を勝ち取ったことは極めて興味深いことである[14)]。

ロバーツコート[15)]は、本件のなかで問題となった保険非加入者に対する制裁金（the individual mandate）である「ペナルティ」[16)]を、金額の内容やIRSによる取り立て手続きが用いられる[17)]ことから見て、刑事法上の罰金に該当せず、一種の租税（a tax）であると解釈し、連邦政府の課税権の行使と位置づけた[18)]。その後、この「租税」は、トランプ大統領が署名し、成立した

10） National Federation of Independent Business v. Sebelius, 567 U.S. 519 (2012). この判決については、木南敦「最近の判例 National Federation of Independent Business v. Sebelius, 132 S. Ct. 2566 (2012) : Patient Protection and Affordable Care Act と合衆国議会の立法権限の範囲」アメリカ法2013－１号132頁、小杉丈夫「医療保険改革法、いわゆるオバマケアの合憲性が争われた事例：National Federation Of Independent Business v. Sebelius, 567 U.S. (2012)」法律のひろば66巻４号56頁（2013年）を参照。

11） 坂田（2015年）、前掲注９、130頁。

12） 坂田（2015年）、前掲注９、138－139頁。

13） I.R.C. §5000A.

14） 御幸聖樹「第８章：統治分野に関する諸判例」大林啓吾ほか編『ロバーツコートの立憲主義』（成文堂、2017年）299頁、坂田、前掲注９、樋口範雄「判批」別冊ジュリスト213号「アメリカ法判例百選」34頁（2012年）を参照。

15） 御幸、前掲注14。

16） 無保険者から金銭を徴収することを規定する26 U.S.C. § 5000A(b) における正式名称は “shared responsibility payment” であるが、“penalty” の文言も、この条文の多くの箇所で用いられている。

17） I.R.C. §5000A (b) (2) は、ペナルティを納税申告書に記載して納付することを規定している。

18） 567 U.S. at 563-574. ただし、インジャンクション禁止法との関係では、租税ではな

2017年度税制改正法（減税および雇用法、Tax Cut and Jobs Act of 2017, TCJA）[19]において、減免項目となってゼロ額課税となったが[20]、政治上の朝令暮改はさておき、「人生は小説よりも奇なり」であるがゆえ、ストーリーは常に二転三転する。「社会主義的な」[21]国民の皆にケアの手を差し伸べようとするこの救済は、コロナ禍のなかで医療保険制度に否定的なミズーリ州でも、2021年7月から、低所得者向けに導入された[22]。

問題は、前章でみた人の目から見える物（繰り返しに強調したいが、筆者は、固定資産を「有形物」として考えていない）をtakingし、目に見えない物の「価値」に人がtaxingされたことと同じように、オバマケア法において、ケアが課税の対象とされたことである（もしかして、take care！かもしれない）。ケアを課税として正当化する可能性は、重要である[23]。モーア監督も映画のなかで、カナダ、イギリス、フランスなどの国の病院と住人を訪ねつつ、特に、9・11直後に見られたアメリカ社会の「連帯の心」を通じて、「税方式」によって「国民皆保険」を実現させようではないかと、訴えていた。アメリカのドキュメンタリー映画の史上2位の動員数を獲得できたこの映画が、「ロバーツコート」も動員したかどうかは分からない。が、このような違憲かどうかのリスクを伴う「税方式」に着眼したジャッジメントは、

いとした（id, at 543-546）。石村、第一章前掲注74、110頁を参照。

19）131 Stat 2054.

20）「ペナルティ」は、ペナルティ月額と標準的な健康保険料とのいずれか小さい方とされ（I.R.C. 5000A(c)(1)）、さらに、前者は、①一定額（Flat dollar amount）と②所得の一定割合とのいずれか大きい金額とされていたが（5000A(c)(2)）、つまり、TCJAによる改正で、①は0ドル、②も0％とされた。TCJA §11081.

21）坂田（2014年）、前掲注9、8頁。また、『シッコ Sicko』、前掲注1、には、映画に議員たちの発言の画像がある。

22）石村、第一章注74、108頁参照。

23）石村の論調は、「オバマケア」は変形的増税ではないかと読める。「政府規制による増税（regulatory tax increase）、政策増税、も問われている。オバマケアにおける健康（医療）保険の強制加入を忌避する人たちに課された責任負担金（shared responsibility payment）／制裁金（penalty）が一例である……」石村、第一章前掲注74、94頁。また、使用者が提供する高額医療保険に対する課税など、種々の負担が導入されている。Patient Protection and Affordable Care Act of 2010 §9001～9017.

公平か平等かの見えない論争にとっては、社会保障の在り方への憲法学からのアプローチとして、最もよい処方箋となっているかもしれない。

しなしながら、これは対岸の火事ではない。あるいは、これはアメリカの政党闘争ではあるだろうが、これをひとつの実体法と憲法との争いと見なしてはならないではないかと思う。アメリカ型の福祉国家や日本型の福祉国家というような呑気な分類をしている暇などはない。「近代国家」としての実態かつ実体をいかに確保し保障するかが問われているのである。しかも、租税という文脈（方法）においてこそ、根本的で切実的な問いとなっている。

2　社会保障の功罪

(1) 社会保障法と租税法との数的調和を求めて

1961年から「社会主義的」な「国民皆保険制度」をスタートした日本では、いま、社会保障裁判史上最大規模の裁判闘争が静かに展開されている[24)]。「静か」という言葉を使った理由は、中国の「恒大集団」よりも、コロナ禍よりも、何となく、ニュースとしては目立たないような気がしているからである。にもかかわらず、その数字を見ると、実に大きなうねりとなっているのが分かる。全日本年金者組合の呼びかけに応えて5297人の原告が39地裁に提訴した。提訴に先立って行われた審査請求には、全国の年金受給者12万6642人が申し立てるという空前の規模となった[25)]。「年金裁判推進本部」のまとめた「年金裁判全国状況」によると、2022年６月27日の時点では、38地裁と６高裁で「不当判決」が出されていると述べられている[26)]。原告らは、

---

24) 伊藤周平『社会保障法：権利としての社会保障の再構築に向けて』（自治体研究、2021年）。

25) 加藤健次「年金引き下げ違憲訴訟の現状と課題」賃金と社会保障1667号４頁（2016年）。

26) 全日本年金者組合HP「公判日程」(http://nenkinsha-u.org/12-nenkinsaiban/kouhan_nitei.htm)、「年金裁判全国状況2022年６月27日現在」（http://nenkinsha-u.

この裁判で、平成24年改正法及び平成25年政令に基づいていわゆる「特例水準」を解消させて合計2.5％もの年金削減処分を行ったこと、平成16年法改正によって導入され平成27年度以降適用が始まったマクロ経済スライドが、憲法25条１項、同条２項、憲法29条１項、社会権規約、ILO 102号条約の各規定に違反して無効であると訴えている[27)]。

この裁判闘争のうちのひとつ小さな闘争である札幌地裁平成31年４月26日[28)]に対して、「判決の手法が、租税法に示唆するもの」[29)]という興味深い判例批評がある。すなわち、この判決を、「立法の経緯や変遷を跡づける中で、具体的な立法者意思の確定を重視」[30)]するものであり、「立法過程の具体的な検証を通して、立法者意思を探るという手法」[31)]により、「特例水準の早期解消という政策判断は、人口推計、財政状況その他の客観的情報等との合理的関連性や専門的知見との整合性があり、これを受けた内閣や国会の判断過程や手続きに過誤、欠落がある事情はうかがわれない」[32)]と判示したものと評価し、「このような立法者意思の確定や財政の安定化等の政策の重視という本判決の手法」[33)]は、旭川市国民健康保険条例最高裁判決[34)]の手法とは対比されると述べている[35)]。

この判例批評で、ロバーツコートに「敬意を表した（屈した？）」[36)]憲法学

org/12-nenkinsaiban/pdf/nenkinsaiban220627.pdf［最終確認日：2022年11月30日］）を参照。

27）喜田崇之「生活保護基準引下げ違憲訴訟大阪地裁判決〔2021.2.22〕」民主法律316号129頁（2021年）。

28）平成27年（行ウ）第15号、年金減額取消請求事件、裁判所 web。

29）田中治「判批」ジュリスト1537号10頁（2019年）。

30）田中、前掲注29、11頁。

31）田中、前掲注29、11頁。

32）田中、前掲注29、11頁。

33）田中、前掲注29、11頁。

34）最大判平成18年３月１日民集60巻２号587頁。

35）田中、前掲注29、11頁。

36）坂田（2015年）、前掲注９、130－135頁。この部分において、坂田は、ロバーツ裁判官（ロバーツコート）の狙いとは別に、「歴史的な現代福祉立法に対する〔最高裁の応答〕という文脈」について検討されているが、結果的にこれは「正しい応答」になったと読める。

の論者と似た判例批評の手法論が展開されていることは、やむを得ない対処法であろう。しかし、租税法に与える本質的な示唆は、立法政策についての検証結果がいかにやむを得なかったかではなく、むしろ「裁判所がどこまで、どの程度判断できるか」[37]ではないだろうか。言い換えれば、「租税法の領域における、憲法上の生存権保障等を根拠とした違憲の主張の成否に関して」[38]、「立法者の考え方や政策形成の過程は具体的に主張立証され」[39]、租税法と社会保障法領域（例えば、生活保護法）におけるそれぞれの憲法上で言われている生存権との調和がとれるか、ではない。（いや、そもそも、法が領域を越境することによって法体系を形成していくのではないだろうか。）

前章でも触れたように、1980年代の固定資産税を巡る議論のなかで、生存権的財産と非生存権的財産とを区別すべきではないかとの見解があった[40]。しかし、これは、まだ納税義務者が「財産」を「所有」している場合のことである。また、前章では、「記帳」という方法を通じて、単なる財産を所有（使用）する納税義務者の生存するための貨幣が、その財産の想像された交換価値によって、taxing されるようなことが起きると、「物税」は危うい概念となることについて検討した。それに対して、ここでは、納税義務者自身の身体が一種の「物税」の対象となり、租税法領域の国民健康保険税を負担することと同時に、社会保障法領域の国民健康保険料をも負担することになる[41]。この論理的ではないように見える表現を選ぶ理由は、旭川国保事件が

37）「問題の租税法規等の違憲性については、国は、少なくとも、立法時における政策判断の合理性やその判断過程の相当性等を説得的に立証することが求められる。裁判所がどこまで、どの程度判断できるかという問題はなお残るものの、本判決は、具体的な立法過程において、立法府による裁量の濫用等があったかどうかを具体的に検証するものであり、このような解釈手法は、形式的な立法裁量論を超えて、租税法規等の憲法適合性を裁判所が判断する余地を広げるように思われる。」田中、前掲注29、11頁。

38）田中、前掲注29、11頁。

39）田中、前掲注29、11頁。

40）清永、第一章前掲注43。

41）田中治「国民健康保険税と国民健康保険料との異同」税法学545号97頁（2001年）。他方、藤谷武史は、「社会保険としての国民健康保険」の判示に注目すべき、と指摘している。藤谷武史「判批」別冊ジュリスト259号「租税判例百選（第7版）」9頁

異なる法領域を跨ぐことを示すためではなく、本書において強調しようとしている納税義務者と課税物件との間にある倒錯的な関係を提示したいからである。この倒錯的な関係のなかで、固定資産税の課税標準（「適正な時価」問題）と同じように、身体の価値（価格）が問われている。もし、固定資産税を巡る法的判断基準は、実体的評価から手続的評価へと移行したのであれば、身体の生存に関しても、手続的評価を要請すべきであろう。

旭川国保事件には、「租税か社会保険料か」の租税法領域における租税法律主義論争点のほかに、社会保障法領域における国民健康保険料の減免要件の判断基準に関連する争点もある。この宙吊りされた争点については後日の課題とするが、ここでは簡潔に筆者の問題関心を述べておく。

本来、国民健康保険料のうち、「応益」負担部分については、低所得者に過重な負担となる可能性があるため、所得の低い者に対して７割、５割、２割の保険料の軽減制度がある（国民健康保険法（以下「国保」という。）81条の委任にもとづく保険料の軽減制度で、法定軽減制度といわれる。）。減額された保険料が賦課され、減額の部分については、市町村がいったん一般会計から財源を繰り入れ、そのうちの４分の１を国、４分の３を都道府県が負担する仕組みである。そこで、自治体は、条例または規約の定めるところにより、特別の理由がある者に対し保険料を減免し、または徴収を猶予することができる。しかし、判例が認める国保77条に基づく減免には、「災害」による結果という法律には書かれていない限定基準があるようである[42]。そこには「恒常的生活困窮者」が含まれていないと認識されてきたため、「恒常的生活困窮者」は減免の対象に当たらない[43]。他方、社会保障法の法体系においては、「恒常的生活困窮者」とは、生活保護法の対象であるか否かのことであ

(2021年)。

42）東京地判昭和43年２月29日判時525号42頁、東京高判平成13年５月30日判タ1124号154頁。

43）厚生省保険局国民健康保険課監修『逐条詳解国民健康保険法』（中央法規出版、1983年）332頁、上田真理「判批」別冊ジュリスト227号「社会保障法判例百選（第５版）」29頁（2016年）。

る。

ただ、減免申請事例は、往々にして、「恒常的低所得者」であるにもかかわらず、「恒常的」保険料（税）等の費用負担によって、「一時的生活困窮者」に陥った場合における「応能、応益」のことが問題となっている[44]。（本来の保険法上の「リスク」も、「恒常的」と「一時的」との割合に基づいて、絶えず計算し直されるものであって、「恒常的」なものではないと思われる。）。最二判令和２年６月26日民集74巻４号759頁の国民健康保険税（以下「石井国保事件」という。）の時効論の発端も、いわゆるリーマン・ショックのしわ寄せが原因で失業したことに起因する「一時的生活困窮者」としての申請が、国保77条（に基づく国保税条例）の減免要件に満たしているか否かを巡る争いであった[45]。恐らく、冷静に見れば、リーマン・ショックによる失業・倒産は、飽くまで自由経済による自己責任レベルのもので、救済枠の番号札すら配らなくてもよいのであろう。

他方、コロナ禍の中で、厚生労働省は、「生活保護は国民の権利です」[46]と言い出した。この「権利」を擁護した厚生労働省が公開した2021年９月の最新の統計は、「申請件数は20,156件となり、対前年同月と比べると、1,158件増加（6.1％増）、保護開始世帯数は17,829世帯となり、対前年同月と比べる

44）あるいは、このような言い方もできる。「本来ならば加入者相互で分担している生活を保障するための保険料を徴収した結果として、恒常的生活貧困者が増えてしまい、自力で最低限の生活を維持しようとする者が生活保護に頼らざるを得なくなるのであれば、制度自体がまさしく「著しく合理性を欠く」ことになり、憲法25条に違反するのではないだろうか。」松本奈津希「最低生活保障の法理の形成と具体化：連邦憲法裁判所と連邦財政裁判所の判例素材として」（２・完）一橋法学18巻２号691頁（2019年）。

また、松本奈津希「最低生活保障の法理の形成と具体化：連邦憲法裁判所と連邦財政裁判所の判例素材として」（１）一橋法学第18巻第１号（2019年３月）273－312頁、斎藤一久「生存権の自由権的側面の再検討：旭川国保訴訟最高裁大法廷判決のもう一つの論点」企業と法創造７巻５号11頁（2011年）を参照。

45）この判例についての、行政事件としての法的形式論は、沈恬恬「判例研究・納税義務承継通知の時効中断効と「過誤納金」の行方・最二判令和２年６月26日（民集74巻４号759頁）」法学論叢190巻６号97頁（2022年）のなかで論じている。

46）朝日新聞・朝刊（2020年12月26日）「〔生活保護は権利です〕厚労省、異例の呼びかけ」。

と、1,216世帯増加（7.3％増）」の数字となっている[47]。もちろん、昭和25年（1950年）という「戦後復興」を目指す時代に制定された生活保護法は、「最低限度の生活を保障するとともに、その自立を助長することとする目的」（１条）であるため、国民の「社会復帰」を期待していたのであろう。ところが、９月の統計数字からもわかるように、母子世代と傷病者世帯は減少傾向（恐らく「自立」[48]できたのだろう）にあっても、高齢者世帯と障害者世帯は増加の傾向にある。一方、給付水準の低下によって、結果的に「恒常的生活困窮者」に陥ることとなった年金受給者の高齢者世帯は、前述した憲法25条生存権と憲法29条財産権などを奪還しようとする年金裁判の「戦力内」でもある。

話は長い弧を描いて、ようやく戻れそうである。ここで断っておきたいのは、筆者がわざとこのような迷宮を提供するつもりはなかった、ということである。むしろ、不本意ながらも、辛抱強く、日本（に限らず）の錯綜している法体系という「布の醜い裏面」[49]の端緒（経緯度）を見ようとしている。そして、筆者の態度は明確である。ここまで言及した生存権や財産権を主張する社会保障法領域における出来事と、たまたま租税法領域に分類される出来事とは、基本的に表裏一体のことである。

では、アメリカの「連帯の心」に訴える映画には登場せず、モーア監督が

47）「結果の概要(r3.09).pdf（2021年12月１日公開）」厚生労働省 HP（https://www.e-stat.go.jp/stat-search/files?page=1&layout=datalist&toukei=00450312&tstat=000001155606&cycle=1&year=20211&month=23070909&tclass1=000001155607&tclass2=000001155608&stat_infid=000032145736&result_back=1&tclass3val=0［最終確認日：2021年12月30日］）。

48）実際、この言葉の実現方法について、社会保障法学も、おそらく、まだ「その社会的価値と個人的価値が両立するポイントを見出」していないのではないだろうか。品田充儀「第２章社会保障法における「自立」の意義」『自立支援と社会保障』（日本加除出版、2008年）42頁。

49）ショーペンハウアーのたとえを念頭に置いている。「誰しも生涯の前半には刺繍した布の表を見せられるが、後半には裏を見せられる。裏はたいして美しくないが、糸の繋がりを見せてくれるから、表よりはためになる。」ショーペンハウアー（橋本文夫訳）『幸福について：人生論』（新潮社、1958年）266頁。

渡航先に入れなかった生存権を「具体化」[50]させた憲法学説の重鎮であるドイツの学説についての言及について、どう考えればいいのだろうか。そこで明確に提示された金額設計図とは、租税法上の非課税額は、社会保障法上の給付を上回るべきである[51]。さらに、社会保障給付の低下があった場合には、それに対応して非課税も引き下げるのではなく、そもそも社会保障給付の低下を是正するべきであるとの見解もある[52]。

しかし、租税法上の非課税枠を引き上げ、社会保障給付の低下を是正することを消費税を増税することによって達成しようとした途端に、コロナ禍が起きた。では、社会保障給付是正の財源が「消費税ではなく、累進性の強い所得税や法人税などを充てるのが望ましい」[53]という税方式による最低保障年金の構想には望みがあるのだろうか。訳の分からないうちに、なぜかボールだけが一周して、「課税による社会福祉の実現」というスローガンに戻された。そもそも、「消費こそが所得である」のような発想と「消費でなければ、所得である」や、「消費がなくても、所得である」などといった発想とは、課税要件論的に何が異なるのか、また、果たして、何か異なることがあるのか。

(2) 様々な変数

消費と所得との関係に入る前に、もう一度「社会主義」の社会保障へ戻ってみる。よく指摘されるのは、現在の中国において日本と同じほぼ10%の年間増加割合で人口の少子高齢化が進んでしまった理由が、「一人っ子政策」にある、ということである[54]。ただし、次節で詳しく触れる「ファクフルネ

50) 松本、前掲注43。

51) 手塚貴大「租税法と社会保障法：ドイツ所得税法における租税憲法論の一端」税大ジャーナル25号48頁（2015年）。

52) 手塚、前掲注51、48頁。

53) 伊藤周平「既裁定年金の引き下げと生存権保障」賃金と社会保障1667号32頁（2016年）。

54) 2002年に中国の出生率は1.3以下になった。2019年に1.048を記録した。2020年の人口1000人当たりの出生数は8.5人である。中国・国家統計局 HP「中华人民共和国2019

スマインド」からすれば、国家の人口政策は人々の「心理」やセックス行為などに対して実質的な支配の効果はない[55]。国家が行える人口に対する能動的で効果のある支配は、強制避妊や強制中絶などの行為である[56]。「強権」支配下の中国では、「一人っ子政策」の施行中に行われた「強制」に関して、国家賠償を求める裁判はまだ見られていないが、日本では、昭和30年代－40年代に強制避妊（不妊手術）に繋がった旧優生保護法は、デュープロセス上の憲法に違反しているか否かが司法の場で問われた[57]。

年国民经济和社会发展统计公报」(http://www.stats.gov.cn/tjsj/zxfb/202002/t20200228_1728913.html［最終確認日：2021年12月20日〕、中国・国家統計局 HP「全国人口普查公报」(http://www.stats.gov.cn/tjsj/tjgb/rkpcgb/［最終確認日：2021年12月20日］）を参照。

中国の人口政策としては、ふたりっ子の出産が2013年から「夫婦のどちらかが一人っ子の場合」という条件付きで認められ、2015年からは、条件なしに認められた。2021年から三人っ子政策が打ち出された。これと関連して、高齢者扶養の問題もクローズアップされた。1985年「計划生育好、政府来養老」、1995年「計划生育好、政府帮养老」2005年、「养老不能靠政府」2012年、「推迟退休好、自己来养老」、2013年、「以房养老」、2018年「赡养老人是义务、推给政府很可耻」といった不思議な時代の流れが見られる。

なお、中国の児童の社会保障については、李宣「中国の児童の医療における再分配の課題」横浜法学29巻３号377頁（2021年）を参照されたい。

55）ハンス・ロスリング、オーラ・ロスリング、アンナ・ロスリング（上杉周作、関美和訳）『FACT FULNESS』（日経 BP 社、2019年）。「ひとりっ子政策は、みんなが思うほど出生率に影響していない。女性ひとりあたりの子後数が６人から３人へと大幅に減ったのは、ひとりっ子政策が始まる前の10年前だった。」(276頁)。また、宗教と女性ひとりあたりの子供の数にも、それほど関連がなく、「むしろ、子供の数と強く関連するのは所得だ」(226頁)。

56）「中絶については、出生率と状況は違っている。ひとりっ子政策は中絶には影響した。強制的な中絶や不妊手術が数多く行われた。」ハンス・ロスリング、オーラ・ロスリング、アンナ・ロスリング、前掲注55、278頁。

57）神戸地判令和３年８月３日未登載は、厚生大臣及び厚生労働大臣には旧優生保護法を廃止し優生政策を抜本的に転換すべき義務等があるのにこれを怠った不作為があることなどを理由とする国家賠償請求を斥けたが、「優生条項（本件各規定）は憲法13条、14条１項、24条２項に違反するものである。」と明言し、「なお、事案の性質に鑑み付言するに、旧優生保護法の優生条項が日本国憲法に違反することが明白であるにもかかわらず、同条項が半世紀もの長きにわたり存続し、個人の尊厳が著しく侵害されてきた事実を真摯に受け止め、旧優生保護法の存在を背景として、特定の疾病や障害を有することを理由に心身に多大な苦痛を受けた多数の被害者に必要かつ適切な措置がとられ、現在においても同法の影響を受けて根深く存在する障害者への偏見や差

法的裁きがまだなくても、「自然」の裁きとして顕在化した「高齢者社会」と向き合おうとして、「社会主義」だからではないが、中国政府は、2021年も、「中国の社会保障」[58]の一環である「基本養老保険」（年金）加入者の定年退職後に支給している年金給支給額を、1人当たり平均月額支給額で4.5％引き上げた。これは、2005年以来、17年間の連続の引き上げとなった（ちなみに、2020年の引き上げ率は5％）[59]。制度設計上、都市部と農村部との違いや加入条件などによる格差は存在しているが[60]、ここでは、ひとつの不動産税の試行都市である上海の一般企業年金受給の例を挙げる[61]。上海人社局2021年7月発表の2020年度上海市の平均賃金は、124,056元／年（2,214,399円）＝10,338月／元（184,533円）となっている（前年より7.9％の増加である）[62]。そして、都市部の一般企業年金の計算方式は、以下となる。

別を解消するために積極的な施策が講じられることを期待したい。」と述べて判決文を締めくくった。

58）中国の社会保障制度の歩みについては、田多英範（編著）『世界はなぜ社会保障制度を創ったのか：主要9か国の比較研究』（ミネルヴァ書房、2014年）のうち、朱珉「中国：「単位」保障から社会保障制度へ」297－331頁、真殿仁美「中国障碍者福祉の構築にむけて：建国からこれまでの障害事業への取り組みを振りかえって」332－354頁を参照されたい。

59）中国・人事社会保障省（人保省）HP「人社部发〔2021〕20号：人力资源社会保障部 财政部关于2021年调整退休人员基本养老金的通知（2021年4月7日）」（http://www.mohrss.gov.cn/SYrlzyhshbzb/shehuibaozhang/zcwj/yanglao/202111/t20211103_426660.html［最終確認日：2021年12月20日］）。

60）具体的なイメージは、片山ゆき「中国の公的年金制度」（2018年8月24日）財務省HP（https://www.mof.go.jp/pri/research/seminar/fy2018/lm20180824b.pdf）［最終確認日：2021年12月20日］）、日本貿易振興機構（ジェトロ）北京事務所 ビジネス展開支援部・ビジネス展開支援課「中国の社会保険制度と北京市、天津市の実務」（2019年）を参照されたい。

61）1992年以前から勤務と1993年以後から勤務の計算方法は異なる。中国政府は、二階部分を重視する方針へと転換していく。

62）本来、社会保険料の下限は、平均賃金の60％で、10338×60％＝6202元／月となるが、コロナ禍の影響で、「人力资源社会保障部、财政部、国家税务总局《关于2021年社会保险缴费有关问题的通知》（人社厅发〔2021〕2号）」の規定により、経過措置として、社会保険料の下限は5957元／月で調整されている。なお、ここの日本円の計算は、2021年12月17日11：10の日中為替レート（1：17.85）に基づく。

一階基礎年金部分（賦課）＝〔(M ＋ S)／２〕× T × １％
二階部分（積み立て）＝個人勘定残高／年金現価率

（M ＝退職時における地域の前年平均賃金
S ＝加入期間の平均賃金
T ＝納付期間
個人勘定残高の負担率＝賃金に対して、事業主20％＋従業員８％
年金現価率＝係数月数（：60歳定年＝139）

ここで、仮に、X[63]は、60歳で定年退職手続きを行ったとし、加入期間の平均賃金は8000元、継続勤務期間は40年とし、二階部分個人勘定残高は100,000円とする。Xの年金受給額は以下となる。

一階部分＝〔(10,338＋8,000）／２〕×40×１％＝3667.6元（65,467円）
二階部分＝100,000／139＝719.4元（12,841円）
合計受領額＝4387元／月（78,308円）

計算をしやすくするように、ここでは、Xの年金受領額を4400元とし、2020年の５％の引き上げ率を代入すると、4400×5％＝220＋4400＝4620元／月となる。Xは喜んだ。久しぶりに小籠包を食べに行った。ところが、蒸籠一段７元だった小籠包は、一段８元に値上げされていた。Xは食べながら考えた。以前、年金が4400元だった時、（4400／７＝）628段の小籠包が食べられた。いま、4620元となったのに、（4620／８＝）577段しか食べられない。要するに、年金が上がったわりに、食べられる小籠包が減った（628－577＝51）。Xは自分が貯めてきた50万元の貯蓄を思いつき、計算をしてみた。年金が上がったこの間、自分の財産である50万元の貯蓄の資産価値は、500,000／７－500,000／８＝71428－62500＝8928段分の小籠包損失となった。仮に、一日一段を食べるとするならば、8928／365＝24.5年も食べられたのに。Xは気づいた。年金は5％の引き上げはあったけれども、物価は既に

63）この物語の原型および計算用の数字は、「中国・環球文摘」（2021年11月14日）の記事「什么叫通货膨胀？买一笼小笼包就明白了」に合わせたものである。

14%も上がった。

以上は、社会主義の笑い話ではあるが、笑えない話である[64]。社会主義の人民たちの関心ごとは、健康（とその維持費）を含む社会保障となっている[65]。「世界的インフレ」のなかで、アメリカの2021年10月のCPI（Consumer Price Index）は、6.8%の増加であり、日本ですら、0.1%の増加となった[66]。しかも、日本の場合は、平均賃金が2015年を100とした場合、コロナ禍と関係なく、それ以前から減少の傾向にあるだけではなく[67]、11月のPPI（Producer Price Index）は前年同月比プラス9.0%と大きく上昇しているので[68]、いずれは消費者へ転嫁せざるを得ないとなろう（賃上げに対する法人税の減税政策[69]は、焼き石に水になるだけかもしれない）。よって、前節で言及した年金裁判が目指す「税方式」によっての「最低保障年金」の構想が実現可能としても、インフレが続けば、実際の給付水準がさらに低下する恐れがある。

国家が行える人口に対する支配に戻れば、この種の国家を相手にした法廷

64）直近の出来事として、トルコの事例がある。REUTERS（2021年12月11日）HP「アングル：通貨暴落トルコ、インフレ直撃で安いパンに行列」（https://jp.reuters.com/article/turkey-inflation-idJPKBN2IO09V［最終確認日：2021年12月30日］）、REUTERS（2021年12月17日）HP「トルコ大統領、最低賃金50%引き上げへリラ急落受け」（https://jp.reuters.com/article/turkey-currency-minimumwage-idJPKBN2IW0B6［最終確認日：2021年12月30日］）。

65）片山、前掲注60。

66）統計局HP「消費者物価指数（CPI）全国（最新の月次結果の概要）」（https://www.stat.go.jp/data/cpi/sokuhou/tsuki/index-z.html［最終確認日：2021年12月30日］）。

67）厚生労働省『毎月勤労統計調査』（2020年）によると、現金給与総額は31万8,387円で前年比1.2%減。うち一般労働者が41万7,453円で前年比1.7%減、パートタイム労働者が9万9,378円で前年比0.4%減。

また、国税庁が2021年9月開示した「令和2年分民間給与実態統計調査」からも同じ傾向が見える。国税庁HP（https://www.nta.go.jp/publication/statistics/kokuzeicho/minkan/gaiyou/2020.htm［最終確認日：2021年12月30日］）。

68）日本銀行調査統計局HP「企業物価指数（2021年11月）」（https://www.boj.or.jp/statistics/pi/cgpi_release/cgpi2111.pdf［最終確認日：2021年12月30日］）。

69）措法42条の12の5（令和2年法律第8号によるもの、および、令和3年法律第11号によるもの）。

闘争が最高裁の判断を仰ぐことができるまで、10年の歳月はかかるので、かつて産めなかったので、いま、若しくは今後、補償をしなさいという強制避妊裁判の請求は、実現されれば、「補償」の形にはなるかもしれないが、「既に」高齢者である原告らの「生存率」などについてどう考えればいいのだろうか（あ、まさか、遺族年金？）[70]。

他方、比較的に早く決着がつけられた企業年金減額問題は、平成３年のバブル景気崩壊以後、企業の経営悪化とともに既に数多く生じていた。松下電器産業（大阪）事件（大阪高判平成18年11月28日判タ1228号182頁[71]）の判断枠組みが参照され、契約上の根拠論においても、社内規定である同社年金規程の改訂を巡る相当性（「内容の相当性」と「手続きの相当性」）においても、受給側の請求が認められない結果となった[72]。その後、リーマン・ショック以後の経済が停滞するなか、企業年金の減額・廃止の問題がさらに深刻化し、例えば、日本航空 JAL の企業年金強制減額の事案における受給権については、特別立法に対する憲法上による判断の基準として、①憲法41条（国会の立法権の逸脱の有無）、②憲法29条（財産権の侵害）、③憲法14条（平等権の侵害）のいずれもが、「著しく不合理」か否かによるものとなった[73]。

70）遠藤美奈「判批」別冊ジュリスト227号、社会保障法判例百選（第５版）10頁（塩見訴訟）（2016年）、高藤昭『外国人と社会保障法』（明石書店、2001年）、中村一成『声を刻む：在日無年金訴状をめぐる人々』（インパクト出版会、2005年）のなかで描かれた当事者はもう生存していない。彼らは最期をどのように過ごしたのだろうか。法廷での「不当判決」は、社会学、あるいは、最終的「歴史」として、人文学が受け止める形にならざるをえないのだろうか。法廷に言葉を預けたくない水俣病訴訟の周辺には、またどんな「苦海浄土」（石牟礼道子）が広がるのだろうか。

71）判決は、「本件改定は、Ｘらの退職後の生活の安定を図るという本件年金制度の目的を害する程度のものとまではいえず、Ｙは、本件改定の実施に先立ち、不利益を受けることになる加入者に対して、予め、給付利率の引き下げの趣旨やその内容等を説明し、意見を聴取する等して相当な手続きを経ているから、本件改定については、相当性もあったと認められる。」（判タ1228号191頁）と判示した。なお、同じ退職年金の減額に関する大阪高裁の同日判決（判タ1267号224頁）がある。

72）田中秀一郎「判批」別冊ジュリスト227号「社会保障法判例百選（第５版）」96頁（2016年）にあげられた裁判例を参照。

73）企業年金の減額については、坂井豊、門伝明子「企業年金減額に関する法的考察」NBL925号38頁（2010年）を参照。

そして、前節でも触れたように、国民年金については、憲法25条の生存権についての判断も、「立法者」のデュープロセス上さえ問題がなければ、同じ結果となっている。これに対して、NTT事件においては、確定給付企業年金法に基づき実施している規約型企業年金について、受給権の内容等に変更を生じさせる年金規約の変更をするために厚生労働大臣の承認を求めた申請の不承認処分の取り消しが認められなかったが74)、もし、減額が「既成事実」化されてから、受給者が訴訟で争った場合、「相当性」を巡る判断はどうなっていただろうか75)。

確かに、法廷までたどり着いた様々な「判例」自体は、基本的に「既成事実」における違法性の有無についての判断であるので、この意味において、せいぜい変わりゆく経済現象に「対応」し、何とか定義しようとすることしかできない法体系に、「予防（保障）能力」を問うこと自体が、ナンセンスなのである76)。しかし、これこそ、「裁判所がどこまで、どの程度判断できるか」に関わることであり、社会保障法領域に限らず、租税法領域も認識しなくてはならないことである。それは、解釈しうる「生存権の具体化」であり、その「価格」（金額・課税標準）ではないだろうか77)。

ところが、「立法上」の手続きそのものだけではなく、「立法時」に使用されたデータに対する解釈方法や解釈から導いた予測結果の「正しさ」を如何に判断すべきなのだろうか。社会保障の給付水準の是正、ないし、課税最低限（非課税枠）を巡って課題が残されるのは、いつも厳しい課題である。

---

74)　東京地裁平成19年10月19日判タ1277号76頁、東京高判平成20年7月9日労判964号5頁、最判平成22年6月8日上告棄却、不受理。

75)　受給者が減額部分の支払いを求める民事訴訟を提起した場合、松下電器産業事件（前掲注71）の判断枠組みが確定給付企業年金法施行規則5条2号の要件とは全く異なることから、請求が認められなかったことも考えられるが、厚生労働大臣の承認のない年金規約の変更が無効であれば、請求が認められることとなろう。

76)　ここの問題意識についての思想史的アプローチは、沈恬恬「導く星のもとで：人権と法源についての試論」人権問題研究16号27頁（2019年）を参照されたい。

77)　松本、前掲注43。社会保障法領域を通じた検討をした憲法学の見解からは、ドイツ連邦憲法裁判所のように、財政検証とセットで、租税法上の「額」を決める、という提案がある。

(3)「生存権の具体化」に関する自然科学の一例の成否

2019年秋学期に、筆者は、(正しい履修登録手続を踏まえた上、)「年金制度設計論」と「統合科学」の二科目の全学共通教育の履修科目を（単なる文系から理系への憧れのもとで）「覗き」に行った。興味深いことは、二科目の授業とも、導入メッセージとして、ハンス・ロスリングの遺作『FACT FULNESS』[78] を、一回目の授業で取り上げたことである。どうも、数字とデータを扱う自然科学（年金数理、地球環境）の分野の実務家[79] や研究者にとって、衝撃作であったようだ。もちろん、これはSNS上の起業者やYoutuberらが口を揃えていう「お勧め本」でもある。「ビジネスパーソン」らの教養として、あるいは、「数字に強い人」らの教養として、さらに、「世界の教養」[80] として、2021年の年頭に、この本は、日本で100万部も売れたという[81]。この本の中心的な教えは、マスコミの（もちろん、モーア監督の映画に使われていたようなモンタージュ手法も含め、)「ドラマチックな言葉」に踊られないように、正しく数字をみようということである。

ここで、少し「ファクトフルネスマインド」で考えてみよう。本が100万部も売れたことは、本を買った人の全員が最初から最後まで本を読んだことの保証にはならない。世界の富の分布法則で、ビジネス業界のルールと言われている「パレートの法則（80：20）」[82] で計算すれば、本を買った人のう

78) ハンス・ロスリング、オーラ・ロスリング、アンナ・ロスリング、前掲注55。

79) 年金制度設計の授業は、企業年金実務に携わる先生方によるものである。

80) 中国語訳『事実』（文汇出版社、2019年）

81) 100万部のうち、「2021年1月6日時点で累計100万部（紙書籍は84万部、電子書籍は13万部超、Audibleは3万超)」という内訳になっている。プレスリリースHP「『ファクトフルネス』が100万部突破！中学・高校の先生向けガイドを配布｜株式会社 日経BPのプレスリリース」(https://prtimes.jp/main/html/rd/p/000000044.000041279.html［最終確認日2021年11月19日］)。なお、2021年3月31日の時点で、40刷となっている。

82) ヴィルフレド・パレート（1848～1923）は、「イタリアの経済学者・社会学者。ワルラスの後継者として一般均衡理論を無差別曲線による消費者選択の理論の上に発展させた。また、のちのパレート派厚生経済学でいう「パレート最適」の考え方を導入するなど多くの業績をあげた。」(『デジタル大辞泉』(小学館))。なお、『FACT

ち、20万人が最後まで読んだかどうかは疑問であるかもしれない。そして、最後まで読んだ人のうち、４万人がこの本のレビューができるかどうかは疑問であるかもしれない。さらに進むと、8000人がこれを実践し、データを正しく見られるようになったかどうかは疑問であるかもしれない。

それでも、ファクフルネスマインドである「時を重ねるごとに少しずつ、世界は良くなっている（Step-by-step, year-by-year, the world is improving.）」[83)]という認識自体が「社会主義」なのに、たかが不動産税試行で「戦慄」してしまう「富裕層」がいることから考えれば、「良くなっていること」は、きっと疑うことのない「正論」であろう。このため、数字とデータを正しく見ているはずの「適切な年金数理に基づく」年金制度設計の視点[84)]から考えても、立法時に組み込まれた年金の削減策は、必ずしも「不適切」いうことにならず、地球環境学の食糧分配の視点から考えても、人口はこのまま増え続けることがないので、減反政策があっても日本国民の「生存権」への直接的な脅威にはならないのである。まして、「健康」の視点から見ると、原始人と比べたら、（特に、戦後の？）現代人は糖分も炭水化物も動物性たんぱく質も、あらゆる「栄養」を取りすぎているから、「生活習慣病」にかかり、国家の負担できる医療保障費が目減りしたのである。（一方、長寿になった）。

ただし、指摘しなければならないのは、このもてはやされた謎の「ファクトフルネスマインド」は、基本的に公共衛生学の実現したい「ドラマチックすぎる世界の見方」に基づいて書かれていることである。言い換えれば、この本のなかで提唱している「所得」を測る基準は、公共衛生学から見る場合にもっとも基本とされる生存権をめぐる分類である。そこで提示された「所得」の四つのレベルは、①水の調達、②移動手段、③調理方法、④料理、⑤

FULNESS』の「80・20のルール」として、「80」のほうに注目している。ハンス・ロスリング、オーラ・ロスリング、アンナ・ロスリング、前掲注55、175－177頁。

83）ハンス・ロスリング、オーラ・ロスリング、アンナ・ロスリング、前掲注55、21頁。

84）適切な年金数理に基づいて、厚生年金保険法（２条３項、４項）及び国民年金法（４条３項）規定による５年ごとの財産検証が行われる。厚生労働省 HP「2019年分財政検証」（https://www.mhlw.go.jp/stf/seisakunitsuite/bunya/nenkin/nenkin/zaisei-kensyo/index.html［最終確認日：2021年12月30日］）。

ベッドという五項目からの暮らしぶりに対する考察から成り立っている[85)]。なかなか直観に訴える裏表紙のカラー（文中では白黒）写真[86)]を見つめると、確かに、いま現在この本を読める you は（ここで、モーア監督のメッセージを思い出そう―5000万の未加入者ではなく、加入者している２億5000万人の you だから―)、もっとも高い所得のレベル４に位置している、世界人口の70億人のうちの10億人のうちのひとりである[87)]！わーお！何という素晴らしいことである！だから、残りの60億人も、いまの you と同じように、学校には12年以上通い、旅行のときは飛行機に乗れ、月に一度は外食し、車を買うこともでき、蛇口からお湯も出る[88)]という「進歩」ができるように、「連帯の心を持とう＝どの税でもいいから、税金を払おう」ではないか！

日本の年金裁判の数字を目にしたときと同じように、指を加えながら、ポカンとなってしまいそうである。いな、混乱の極みに至ったのである。少なくとも、ハンス・ロスリングらがこの本のなかで提示したもうひとつ重要なファクトは、先進国か新興国かは問わず、たとえひとつの国のなかにおいても、常に「所得」の四つのレベルが共存する場合が事実としてあり得る、ということである[89)]。そうすると、所得課税（保険料賦課）があっても残っている社会保障の不平等を連帯によって解消させることも夢のまた夢である。社

85）ハンス・ロスリング、オーラ・ロスリング、アンナ・ロスリング、前掲注55、43－50頁。付け加えると、四つのレベルは、あたかも人生の成長段階のようである。子供は「本能的に」レベル１の生活は拒まないだろう。老人は、現実的にレベル１の生活を受け入れなければならない。レベル２とレベル３にいるのは大人である。これらの大人の支えがあって、子供と老人も共存できる。レベル４は、物の集積である。私的財産がレベル４の生活を支えきれなくなったとき、ファクトフルネス的な発想はどうであるべきなのか。

86）ハンス・ロスリング、オーラ・ロスリング、アンナ・ロスリング、前掲注55、45－50頁、裏表紙。

87）「この本を読んでいるあなたは、レベル４の暮らしをしているに違いない。」ハンス・ロスリング、オーラ・ロスリング、アンナ・ロスリング、前掲注55、49頁。

88）ハンス・ロスリング、オーラ・ロスリング、アンナ・ロスリング、前掲注55、174頁。

89）ハンス・ロスリング、オーラ・ロスリング、アンナ・ロスリング、前掲注55、55－59頁。

会保障が保障しようとする平等とは何か？老いることで、病気になることで、差し当たり、「貨幣という消費のための所得」が得られなくなる事実を目の前に、水道代が払えなくなり、移動するお金がなくなり、食費がなくなり、寝床がなくなったとなれば、公共衛生学上の所得レベル１の生存権が脅かされたことになる[90)]。生存権が脅かされたような「事実」が認められたところ、立法手続き上の問題がなくても、憲法14条の判断の範囲にならないのか（大嶋訴訟からさらに一歩を進められるかどうか、あるいは、「税と社会保障の一体化」のためのマイナンバー法との関連として何が問題になるのか）。

ところが、「死人に口なし」である。ハンスの遺作のなかで提示された「少しずつよくなっている」この世界は、レベル５へ向かうのか、レベル４からレベル３、２へ逆戻りしているのかは、解明されなかった[91)]。したがって、公共衛生学上の所得分類のデータについての分析視点が適用する可能性もよく分からないのである。世界の人口も、遺作のなかの説明にあったように、ひたすら増え続けるのではなく、いずれは横ばいになるだろう[92)]。もし、レベル5の所得層があるとしたら、そこへと移行したさらなる「Improved 世界」とは、宇宙食を口にしながら、メタバース（Metaverse）[93)]を操縦できる「仮想所得層」のレベルとなろう。だとすれば、遺作の写真に

90）権丈善一は、生産物の重要性を公的年金の誤解を解くひとつ事実として挙げている。「連載：公的年金保険の誤解を解く：②金銭ではなく生産物が重要」日本経済新聞・朝刊（2016年12月23日）。

91）他方、感染症の世界的な流行、金融危機、世界大戦、地球温暖化、そして、極度の貧困は、「心配すべき５つのグローバルなリスク」である、と指摘されている。ハンス・ロスリング、オーラ・ロスリング、アンナ・ロスリング、前掲注55、301－307頁。

92）ハンス・ロスリング、オーラ・ロスリング、アンナ・ロスリング、前掲注55、111－113頁。

93）メタバース、メタヴァース（Metaverse）は、「SF 作家・ニール・スティーヴンスンによる1992年の著作『スノウ・クラッシュ』の作中で登場するインターネット上の仮想世界のこと。転じて、将来におけるインターネット環境が到達するであろうコンセプトモデルや、仮想空間サービスの通称としても用いられる。メタ（meta-）とユニバース（universe）の合成語である。メタバースに関連した概念として、仮想空間サービス（アバターチャット）・バーチャルリアリティやサイバースペースがある。」Wikipedia HP（https://ja.wikipedia.org/wiki/%E3%83%A1%E3%82%BF%E3%83%90%E3%83%BC%E3%82%B9［最終確認日：2021年12月20日］）。

対応している四つの所得レベルは「現実所得層」という呼び方しか存在し得ないことになってしまう。もちろん、ファクトフルネスマインドであれば、このような「仮想」と「現実」の二分法は、放棄すべきある。しかし、ファクフルネスマンインドであろうとすればするほど、「現実」、「事実」こそ、見つめなければならないのではないだろうか（なお、「仮想」の問題は、第四章で詳述する。）。

3 峻別と混同：租税法上の所得概念

長い脱線だったかもしれないが、課税要件として規定された数字（X％の減額や、最低限課税ないし非課税額など）としての所得と、生存としての所得（例えば、公共衛生学上の四つの所得レベル）との関係についての必要なファクフルネスマインドを持った上、租税法上の判例と理論の導き方に戻ることにする。「非課税所得」のベースラインを考える場合、そもそも所得とは何かを検証すべきである。しかし、言葉を定義するという立法の役割について、租税法（だけではない）が援用したのは、定義をしないことによる定義という理論である。所得とは何かについて、所得税法上にも、法人税法上にも、この問いへの明確な回答が置かれていない。所得税法上にあるのは、「利子所得＋配当所得＋不動産所得＋事業所得＋給与所得＋退職所得＋山林所得＋譲渡所得＋一時所得＋雑所得」という「包括的所得税」の足し算である（所得税法21条1項、23条～35条）。法人税法上になると、「益金－損金」の見事な引き算が出る（法人税法22条）。このため、今後の「金融課税」に関係するだろうが、それでも「直ちに違憲にならはない二重課税」[94]を巡る判断基準に

94） 二重課税について、古谷勇二「相続税と所得税の二重課税について―相続税と譲渡所得における二重課税を中心として―」税大論叢90号169頁、171頁（2017年）は、以下のように述べている。

「二重課税とは、多義的な不確定概念であるが、一般的に、一の納税者に対して、一の課税期間において、一の課税要件事実、行為ないし課税物件を対象に、同種の租税を二度以上課すことを指すとされる。

ついて考えてみる。

ただし、金融社会へシフトしているものの、ここまで多くの「労働者階層」から「一時的」ないし「恒常的」な「生活困窮者」に陥った人々の判例と、人口減少や、世界的インフレや、経済不況や、コロナ禍不況などの社会背景を見てきたので、ここでもうすこし、「労働者階層」の課税所得のうちの給与所得から「連帯実現のため」に、社会保障関連費に消えた部分に注目したい。

恐らく、これもきっと適切な保険数理に基づく検証が行われただろうが、コロナ禍によって雇用保険制度の財政運営が厳しくなったがゆえ[95)]、2022年の雇用保険率[96)]を巡る議論が2021年の年の瀬とともに大詰めを迎え、2022年度の社会保険料が引き上げられた。雇用保険率の改訂が「相当性のある立法」として成立するかどうかは、常に代表されるが立ち上がらない「民意」による。しかし、差し当たり、失業によって給付された失業保険は、「公課の禁止規定」（雇用保険法12条）によって、所得税法上の非課税所得となる。それは幸いなことであろう。問題は、このような給付は、「所得」ではないものの、社会保障上は「収入」になる、ということである。

他方で、国保については、国民皆保険制度の相扶共済の精神にのっとるた

二重課税については、「二重課税に該当するとしても、これを排除又は調整するか否かは、専ら立法政策上の問題であり、仮にその課税が二重課税に該当するものであるとしても、これを排除する租税法上の明文の規定がない限り、そのことをもって直ちに違法（憲法違反）であるということはできない」とする見解がある。つまるところ、二重課税であるからといって、直ちに違法又は違憲であるとする根拠も見当たらず、どのような税体系を仕組み、どのような二重課税を排除するかは租税政策の問題であり、立法府の裁量に委ねられているということであろう。」

95）厚生労働省 HP「雇用調整助成金（新型コロナ特例）」（https://www.mhlw.go.jp/stf/seisakunitsuite/bunya/koyou_roudou/koyou/kyufukin/pageL07.html）［最終確認日：2021年12月21日］）。2021年度（4月1日－12月10日・12月16日時点）は、雇用調整助成金の申請総件数は、2,351,440件（うち支給決定件数2,385,891件）、支給決定額は17,242,86億円で、緊急雇用安定助成金の申請総件数は、556,057件（うち支給決定件数563,586件）、支給決定額は、1,664.59億円である。

96）労働保険の保険料の徴収等に関する法律12条4項。

め、国保への加入の「強制性」は合憲とされてきた[97]。そうすると、再就職できなかった場合、国保に切り替えることになる。ただし、失業以前に既に連帯のため税の一部である社会保険料（健康保険、厚生年金保険、介護保険、雇用保険、労災保険）を支払った場合、再度、国保の「連帯のための税」として計算されることも多くある。石井国保事件[98]は、このような混同に陥ったものである。

一方、2−(1)のなかでも触れたように、身体そのものを保障するための担税力の在りかに関して、恒常的な生活困窮者は、生活保護法上予定されている医療扶助との関連において、国民健康保険料（税）の減免の対象外となる。租税法と社会保障法において、それぞれが認識している「最低生活」と「最低金額」との関係が問われているなか、現在、両者の関係は遮断されている。

そして、仮にこの峻別自体は咎めらないとしても、「最低」に対する「満足度」は、個々人の納税義務者からすれば異なるだろうし、法廷の判断も分かれている。例えば、旭川国保事件[99]の原告は、平成５年度の収入が約90万円で生活保護基準の約45％～50％であることを理由として[100]免除の適用を要求したが、棄却された（最終的に法的論点が違憲性にまで上り詰めてしまったからかもしれないが。）。一方、「違憲」ほどの問題がなく、生活を維持する農業収入と国民年金収入は、「最低生活」を下回る水準の場合において、湯沢市の国民健康保険税条例19条（現28条）１項の対象に当たるので、国保税の減免が認められる場合もあった（秋田地判平成23年３月４日[101]、以下「秋田国保事件」という。）。

97）最判大昭和33年２月12日民集12巻２号190頁。

98）最二判令和２年６月26日、沈、前掲注44。

99）最判平成18年３月１日民集60巻２号587頁。

100）控訴審幌高判 平成11年12月21日訟月47巻６号1479頁（Web 掲載）の11頁。尾形健「判批」別冊ジュリスト227号「社会保障法判例百選（第５版）」20頁（2016年）。なお、平成７年度、平成８年度についても同様に争われた。

101）賃金と社会保障1556号12頁。柴田洋二郎「判批」別冊ジュリスト227号「社会保障法判例百選（第５版）」42頁（2016年）を参照。

ところが、秋田国保事件でより明確に争われたポイントは、担税力審査に手持ち金（預貯金）を加えることと、「最低生活」との関係にあったのではないか。同じように、担税力審査における課税済みの資産（財産）と「現年度所得」（所得税）ないし「前年度所得」（住民税、国保税など）との関係は、石井国保事件でも問われた。租税法の学説の見解によれば、担税力とは、各人の租税を負担する経済的能力であって、所得だけではなく財産も、その重要な尺度となる[102]。言い換えれば、可処分な財産を所有することは担税力に影響を与える[103]（「貨幣の皮」[104]のある預金としての貯蓄となれば、なおさらであろう）。しかし、このように導かれた「担税力」は、どういうことを意味するのだろうか。

物税を分析した前章で強調したように、固定資産のような財産の場合、「物自体に税を負担」させるために、租税法は、その可能性を所有権へと帰結させている。そして、「最低生活」になると、幾つかの社会保障法システムにおける連帯のための税が実現できるように、自分自身を所有している納税義務者の身体そのものの価格（身体から生み出された所得とその所得が形成した財産）に担税力を見出し、納税義務を果たさせようとしている。租税は「強権」として財産への介入ができると説明してしまえばいいように思われる。

では、生命保険はどうか。生命保険では、「連帯税」とは異なり、身体そのものの価格（保険金額）は任意に設定できる。生命保険の財産価値について、長崎年金訴訟最高裁判決は、「連帯税」とは異なり、次の区別を行った。①年金受給権はみなし相続財産として所得税非課税（相続税課税）、②年金については、そのうち年金受給権の取崩しに当たる部分を課税済みとして

102）金子宏は、「担税力とは、各人の経済的負担能力のことであるが、担税力の基準としては、所得・財産および消費の3つをあげることができる」とし、所得税に財産税および消費税を適度に組み合わせた（タックス・ミックス）税制を肯定しているが、租税学説上の「財産」の指示対象は実に曖昧であるように思われる。『租税法（第24版）』（弘文堂、2021年）89頁。

103）柴田、前掲注101、43頁。

104）Fisher、序章注12 at 53、“money wrapper”.

所得税非課税、③相続開始後の利息（運用益）に当たる部分は新たな所得として所得税課税[105)]。いわば、「ファイナンス理論」の視点である[106)]。

しかし、「年金受給権の取り崩しに当たる課税済みの財産」と「利息に当たる部分という所得」とは、何が違うのだろうか。言い換えれば、将来得るはずの利息という未到来の所得も「所得」であると言い切れるのであれば、「課税済みの財産」があるからこそ、「利息」が生まれるのではないだろうか（それとも、本当は、相続税法と所得税法の補完性があるゆえに、財産と所得が衝突し始めたのだろうか）。ここで示された最高裁の奇策とも言える[107)]「財産価値」に対する峻別方法は、国民の個々の「身体」という国家の財産を維持するために形成されてきた社会保障法と関連する部分の租税法においてこそ、応用（混同）すべきである。これについての純理論的な探求は、次章で展開する。

105） 最判平成22年７月６日民集64巻５号1277頁。

106） 神山弘行「判批」別冊ジュリスト253号「租税法判例百選（第７版）」68頁、69頁（2021年）。

107） 現在の所得税法の相続に関する原則的な考え方は、所法60条１項１号や長崎年金訴訟の直後に立法された所法67条の４が規定する取得費の引継ぎである。すなわち、相続や贈与による移転者が投下した資本（その原資は、通常、移転者に対して課税済みである。）を、被移転者に対して非課税とするものである。ところが、長崎年金訴訟最判は、相続時点での財産価値を非課税としたため、移転時までに生じていた運用益は、所得税の課税を受けないこととなる。

第三章 理論を巡って：「一連の出来事」[1]のなかへ

1 When the Lord closes a door, somewhere He opens a window.[2]：国家と未来、あるいは、「心理」についての描写

法学者（になろうとする者）が記述を行うとき、きっと「歴史の記述者」の置かれた境遇に似ているではないかと思う。判断をぶれさせないまま、いったい、誰に、どれに、「感情移入」すべきだろうかと、しばしば自問しなければならない場面に出会う[3]。納税義務者側なのか。債権回収側（国や自治体などの担当者）なのか。誰かとどれかについての選択を下したとき、「帰属しうる」[4]という概念を構成する関係式のなかにあるそれぞれの役割を成す課税物件（資産、所得）、課税ベース、課税単位に対する見解も違ってくるだろう。

1）"Income is a series of events.", Irving Fisher, The Theory of Interest: as determined by impatience to spend income and opportunity to invest it, (New York : Macmillan, 1930) p.3. 日本語訳として、フィッシャー（気賀勘重・気賀健三訳）『利子論』（日本評論社、2004年）がある。

2）1965年公開、映画「サウンドオブミュージック The Sound of Music」（ジュリー・アンドリュースが演じる主人公マリアのセリフである。曾根田憲三監修『名作映画完全セリフ集（スクリーンプレイ・シリーズ76）「サウンド・オブ・ミュージック」』（フォーインスクリーンプレイ事業部、1996年）160頁。

3）ここは、ベンヤミンの表現を念頭に置いている。「歴史主義の歴史の記述者はそもそも誰に感情移入しているのか、という問いを立ててみれば、この悲しみの本性がいっそう明瞭になる。」ヴァルター・ベンヤミン（浅井健二郎ほか編訳）「歴史の概念についてⅦ」『ベンヤミン・コレクション1：近代の意味』（筑摩書房、1995年）650頁。

4）「そこで租税を納める義務がある者とされているのは、現に当該租税を納める義務を負っている者ではない。それは、当該租税を納める義務を課されうる者である。」清永敬次『税法（新装版）』（ミネルヴァ書房、2013年）66頁。

言うまでもなく、ここまでの記述のなか、筆者の「同情」[5]は、「労働者階層」に重きを置いてきた。それは、絶対的にではない、相対的に、どこでもいつでも市役所や町役場などの窓口前にいるような、イメージしやすく、生々しい納税義務者の個人像がいるからである。国籍の違う筆者は、「国際連帯」という言葉を使うべきかもしれないが、たまに租税関係を含む行政手続きの流れのなかで、（現在はマスクの下の）顔の見える人々に出くわすという事実から、（身勝手な）「共感」をしようとしてしまう。これらの個人（論理的に法人代表者も含む）は、たとえ得られる所得がどんなに低くても、漠然とした連帯のための社会保険料や税の負担がどんなに重くても、「死にいたる病」[6]にさえ罹らなければ、きっと「道は開ける」[7]だろう。特に石井国保事件のように、「二重課税」の本題は最高裁に取り上げられてもらえなかったが、最終的に行政側のデュープロセスの理不尽さを指摘できたことで、納税義務者が形式的な勝利を勝ち取ったような判例には、もっとエールを送りたいかもしれない。

あるいは、史料に接することで、かつての「転落」した「貧困女性ら」に福祉施設で「恒常的な」保護を受けさせるためにサポートする運動団体と、施設の統廃合を意向する行政側とのやり取りに、なぜか深い感銘を受けた[8]。連帯の心の恩恵のもとで「自立」（本当は、社会的に「孤立」させたからではないだろうか）できるかできないかとは別に、「権利」を主張する「恒常的困窮者」を名乗り、「最低生活」に甘んじることで、種々の煩わしい「税」

5）ニーチェの批判を踏まえたうえでの、「同情」の使い方である。

6）キルケゴール（桝田啓三郎訳）『死に至る病：現代の批判』（中央公論新社、2006年）の言葉を念頭に置いている。

7）D・カーネギー（香山晶訳）『道は開ける』（創元社、2016年）の言葉を念頭に置いている。

8）筆者は、科研費基盤研究Ｂ「婦人保護施設から見た戦後日本の女性の貧困：貧困概念の再定義に向けて」（研究代表者：古久保さくら）の資料に接したことがある。1990年代以後、大阪府は「財政問題」で「生野学園婦人保護施設」の廃止を図った。1997年に廃止されたが、運営側は、民間施設を開設するなどを経て、2001年より、特定非営利活動法人として活動を継続している。

の納税義務の免除が受けられるなら、それは勧められることである（もちろん、モラルなしに「保護」を不正受給するという意味ではない）[9]。

極論をすれば、「公平」や「平等」に、「最低生活」や「最低金額」などの言葉を呪文のように唱える国家の附属品になってしまいそうな司法の判断に、自らの「生」を委ねることなく、司法自身の統語論的な疾患を利用し、救済の手を伸ばすことのできない国家という「無人島」から脱出できる日がくるまで、ロビンソン・クルーソーのように、無人島のサバイバル術を身に着ければいい。思い切って、土地（家庭、仕事場を含めた人的「環境」、国家そのもの）と身体との「契約的結合」を求めるのではなく、固定資産税も住民税も所得税も、ありとあらゆる都合のよすぎる「連帯税」の重荷から解放されて、救済されない浮浪者となればいい。人間である以上、人間らしい人権とは、自分の創造力と想像力で発揮できる能力を信じることである。予めに与えられた土地がなくても、修行僧のように、布教使のように、托鉢し、宗教と信仰（の堕天使バージョンなら、目に見えないもの、胡散臭い八卦見や占星術などのスピリチュアルなものと思われるだろう）をばらまけばいい。

もちろん、第一章で述べたように、近代国家や現代社会は、所有権を分散化させるという網を通じて、「背徳者」をコントロールしようとしているので、脱出することも難しくなっている（しかし、世界的に見れば、難民は増えたが）。だからこそ、脱出できるかできないかもやってみないとわからないので、みんなで「いま現在という場所」においての「確実な死」を選ぶような「迷惑行為」をするくらいなら[10]、むしろ、ハイリスクこそハイリターン

9）固定資産税・都市計画税・個人住民税・個人事業税・国民健康保険税など。滞納している税金も「停止」が可能となる。

10）もしかしたら多くの自殺者は、迷って戸惑っていただけかもしれない。厚生労働省の統計がまとめた「動機」のなか、「健康」という言葉の使い方は曖昧である。おそらくその比重は「心の健康」に関係しているのであろう。「心の健康」が損なわれる原因も、その他の動機①男女問題、②経済・生活問題、③学校問題、④勤務問題、⑤家庭問題とすべて関連しているかもしれないので、これは参考になりにくい統計である。厚生労働省 HP「令和２年中における自殺の状況」（https://www.mhlw.go.jp/content/R2kakutei-01.pdf［最終確認日：2021年12月30日］）８頁。

と言われた未来の場所という自由で不確実性そのもの（いわば「運試し」）の賭けに出ることこそが、正解（ではなくてもひとつの選択肢である）ではないだろうか。

ところで、債権回収側の「気持ち」をどう考えればいいのか。法人の実在・擬制説と同じように、国家の機能的な実在説もあるだろう。仮に国家の機能が「強権」としての実在ではなく、「契約」の概念を通じて解釈される（こともある）租税の債権者であるとすれば、その国家はどうしたいのだろうか。あらゆる契約を放棄したがる国民を抱え込んでしまうと、国家の機能は成り立たない。いな、そもそも人間が契約をしようとする理由は、不確実の世界から確実な何かを求めたかったからではないだろうか。そこで「法的（法治）国家」が想像＝創造のなかで実在できるようになったのではないだろうか[11)]。社会・市場・自分と契約する相手方の持つ不確実性に対する認識も、結局のところ、「未来」が見えないことからくるものではないだろうか。ゆえに、人々の国家や国家間＝国際は、まだ言語化（立法の対応）ができない社会（人々）の動きや、これまでの不完全な法的定義とは常に齟齬し、逸脱していて、新たな権利義務として定義できそうな何かなどといった事柄とともに、単なる不確実性そのものとして現れる。この意味において、国家機能の実在性は、人々が不確実性を認識したと同時に、「最後の砦」となる確実な何かを求めようとするときに保障されうる[12)]。よって、租税の債

11)　筆者の国家観念は、基本的にB・アンダーソン『想像の共同体』から大きな示唆を得ているが、憲法学的な議論は、時本義昭が描いた（そして翻訳した）系譜を参照している。時本義昭『フランス近代憲法理論の形成：ロッシからエスマンへ』（成文堂、2018年）、時本義昭『法人・制度体・国家：オーリウにおける法理論と国家的なものを求めて』（成文堂、2015年）、カレ・ド・マルベール（時本義昭訳）『法律と一般意思』（成文堂、2011年）、時本義昭『国民主権と法人理論：カレ・ド・マルベールと国家法人説のかかわり』（成文堂、2011年）、モーリス・デュヴェルジェ（時本義昭訳）『フランス憲法史』（みすず書房、1995年）。

12)　この表現は、権丈善一監修「年金問題はなぜもめるのか」週刊東洋経済（2008年9月6日）76頁から示唆を得ている。「もっとも、だからといって公的年金を取り巻く要因の不確実性をなくすことは不可能だ。結局、政府のやっていることは辻褄合わせにすぎないとの批判も強い。しかし、市場ではできないその辻褄を合わせをできる政府が最後の砦として存在するからこそ、われわれは終身年金を持つことができる。」

権者である国家も、常に債権回収可能かどうかの不確実性というリスク、具体的にいえば、租税徴収不可のコストに晒されている。ただし、決して循環論ではないが、国家機能の正しい動作は納税義務者たちの確実性に対する渇望の現れであるからこそ、租税徴収のコストを上回る税収を得るためにも、国家は納税義務者たちとともにリスクへの投企の旅へと出かけなければならない。筆者が思うには、近代国家とは、人々のリスクへの投企の旅の途中、たまたま休んでしまった「ターミナル」[13)] にしかすぎないかもしれない。

もちろん、このような債権者の機能的実在の必要性を強調してしまうと、令和３年度の住民税の改正に対する、筆者の「知る」（イメージできる、勝手に常に温かく見守りたいような）「納税義務者像」からのコメントの大半が、国家（財政省、国家の役人たち、議員など）は、徴収コストを増やすことは増税になることと同じだから、もういい加減に搾取をやめなさい、という趣旨のことを言い始める[14)]。確かに、国家の暴力（法によって保証される機能的実在という暴力）を論じるとき、歴史の記述者らが好んで使うような言葉には、無機質的で機械的でシステマテックで、とりわけ、「問答無用」[15)] 感の強いイメージがある。しかし、裏を返せば、このような「問答無用」ほどの「確実さ」にも「人情的」で「不確実なもの」が隠されているのではないか。

以上のように断言できる理由は、シンプルである。租税徴収は「問答無用」であるが、国債のような発明や、ここまでちらほら言及してきた「優遇税制」などには、「投資」ないし「金儲け」！の匂いがする。住宅ローン減税、確定拠出型年金を投資とみての優遇措置、「貯蓄から投資へ」スローガンなどが、代わり番こに打ち出されてきた。個人も法人企業も、すべての誘

---

13) ターミナルは終着駅であると同時に始発駅でもある。村上春樹の意図と完全に同じではないかもしれない。村上春樹『色彩を持たない多崎つくると、彼の巡礼の年』（文藝春秋、2013年）

14) 「もう訳のわからん、所得税、住民税の搾取を一回やめてみたら？そのほうが経済まわるよ」tbn***** さん「令和３年度の住民税の改正の内容をおさらい。何が変わった？ファイナンシャルフィールド12/25（土）8：10配信」時のコメントを参照。

15) たとえば、冨山一郎は、「尋問空間」における「問答無用の暴力」を描いている。『始まりの知：ファノンの臨床』（法政大学出版局、2015年）6－12頁。

致や優遇政策に上手に乗り換えし続けることで、「勝ち組」にいられて、「金持ち・大企業と国家（議員）との良好なパートナーシップ」を実現し、搾取されなくなるのではないか。そして、国家も、納税義務者らと投企の旅を共にすることで、徴収コストを賄えるだろう。次は、この文脈に沿いつつ、ほとんど「外れ」だけれども、恐らく「大当たり」になる「公営ギャンブル」の示唆する真理の奥深さについて検討してみる。

2　財か才か
：公営ギャンブル判例で問われた「所得」という課税物件

日本の刑法は、賭博と富くじを違法としている（刑法185条、186条、187条）。ただし、特別法によってその違法性が阻却される場合がある。特に日本の公営ギャンブルは、戦後復興を兼ねた地方財政の改善という目的を有する合法的存在である[16)]。日本の公営ギャンブルは、主に、競馬[17)]、競輪[18)]、競艇、オートレースの四つの公営競技と宝くじ[19)]に分けられる。ここの「公営」の意味付けは、文字通り、国および地方自治体がギャンブルを主催し、

16）公営ギャンブルの概論については、佐々木晃彦『公営競技の文化経済学』芙蓉書房（1999年）、三好円『バクチと自治体』（集英社、2009年）などを参照されたい。

17）日本競馬の通史については、立川健治『文明開化に馬券は舞う』（世織書房、2008年）、立川健治『地方競馬の戦後史』（世織書房、2012年）、公営の歴史については、古林英一「ばんえい競馬の成立過程：馬産振興から公営競技へ」北海学園大学学園論集第162号（2014年）43－60頁、古林英一「ばんえい競馬の「近代化」：公営競技としての確立・定着」北海学園大学学園論集第163号（2015年）15－35頁、などを参照されたい。

18）古林英一「公営競技の誕生と発展：競輪事業を中心に」北海学園大学学園論集第168号（2016年）41－77頁、古林英一「公営競技の「拡張」と「縮小」：競輪を中心に」北海学園大学学園論集第172号（2017年）31－70頁、古川岳志『競輪文化：働く者のスポーツの社会史』（青弓社、2018年）、轡田隆史ほか著『競輪という世界』（文藝春秋、2020年）公営競技の誕生などを参照されたい。

19）「宝くじ公式サイト」HP（https://www.takarakuji-official.jp/?__ope=%E5%AE%9D%E3%81%8F%E3%81%98%E5%85%AC%E5%BC%8F%E3%82%B5%E3%82%A4%E3%83%88&__fromScreenId=SC_WMK_SP_011［最終確認日：2021年12月30日］）を参照。

これらの投企行動の実行を通じて得られた収益を地方財政へ再分配できる設定となっているためである。例えば、競輪とオートレースは、経済産業省の「産業の発展と福祉事業」で、競艇は、国土交通省の「船舶の発展と社会事業」で、競馬は農林水産省の「畜産振興と福祉事業」となっている。スポーツ庁管轄の通称「サッカーくじ」と呼ばれる「スポーツくじ」もあるが、サッカーそのものはサッカーくじの発売によって成り立っているわけではないので、公営競技の先行研究では同格的に取り上げられていない[20]。いずれにせよ、これらの公営ギャンブルが運営されていくうちに、「浮動購買力を吸収し、もつて地方財政資金の調達に資すること」（当せん金付証票法１条）が「目的」ではなく、「手段」となりうる。

まず、国税庁の所得税基本通達まで改正させ[21]、租税判例百選[22]にも載った外れ馬券の必要経費該当性と所得分類の判例から始める。公営競技類への参加により得られた収入は、ギャンブルという名ざしのある「所得」であり、通常は一時所得とされる。この場合、年間50万円を超えると、課税の対象となる（所法34条３項）。外れ馬券等の控除は認められない。これに対して、裁判例では、「馬券を自動的に購入するソフトを使用して独自の条件設定と計算式に基づき」、「頻繁に個々の馬券の的中に着目しない網羅的な購入をして当たり馬券の払戻金」から恒常的利益を得たことが認定された。したがって、「一連の馬券の購入が一体の経済活動の実態を有する」ので、「営利を目的とする継続的行為」が形成され、所得税法上の分類は、一時所得ではなく、雑所得であると判断され、外れ馬券の必要経費控除が認められた（最判平成27年３月10日刑集69巻２号434頁）[23]。

20）スポーツ庁HP「スポーツ振興くじの経緯」https://www.mext.go.jp/sports/b_menu/sports/mcatetop01/list/detail/1381080.htm［最終確認日：2021年12月30日］）を参照。）古林英一（2016年）、前掲注18、47頁。

21）所基通34－1(2)注の平30課個２－17改正による改正。

22）田中晶国「判批」別冊ジュリスト「租税法判例百選（第７版）」94頁（2021年）。

23）最二判平成29年12月15日民集71巻10号2235頁も、ソフトの利用はなかったが、ほぼ同じ論理で雑所得とした。なお、木村弘之亮「判批」月刊税務事例51巻12号11頁、16頁が、平成29年判決が「回収率が総体として100％を超えるように馬券を選別して購

ただし、必要経費控除を認めた課税方法は、公営ギャンブルの運営体制にも関係しており、債権回収者側の持つべき長い射程は、本来は「運試し」にしかすぎない賭け事から偶然性を必然性に逆手にとれるプロ級のゲーマーが今後複数に誕生する恐れもあることを考えて[24]、一時所得か雑所得かを区別することよりも、「ギャンブル税」を設定したほうがいいのではないか[25]（暗号資産[26]の計算コストに類似するかもしれない）、ということであろう。

続いて、「目的」ないし「手段」はさほど変わらないが、強運の持ち主であっても、所得税が課されない（当せん金付証票法13条）宝くじ（「当せん金付証票」）に移る。筆者の興味本位ではあるが、調べると、戦後日本の様々な公営競技の社会史や形成史などよりも、なぜかもっと租税に密接に関連する各学術分野の先行研究が見られたので、ざっくりと幾つかの国家についての「宝くじ」研究を見てみる。

ギャンブル税のあるイギリスの財政資金に流入した宝くじ収益金の使途な

入し続けてきたといえる」と述べたことは混乱を呼び起こすのであり。収益＞０と理解すべきであるとした指摘は重要である。

また、田中、前掲注22、田中啓之「判批」民商法雑誌154巻５号1097頁（2018年）などを参照。

24）西山由美「当たり馬券払戻金の所得類型と外れ馬券購入代金の控除の可否：最高裁平成29年12月15日判決《WLJ 判例コラム》第130号２頁（2018年４月２日）。

25）西山、前掲注24。

26）暗号資産からの利益も、雑所得とされている。国税庁「暗号資産に関する税務上の取扱いについて（情報）」（令和３年12月22日）国税局 HP（https://www.nta.go.jp/publication/pamph/pdf/virtual_currency_faq_03.pdf［最終確認日：2021年12月28日］）12頁。したがって、暗号資産取引からの損失は、必要経費として雑所得から控除できる（所法35条２項２号）。しかし、損失を他の所得と通算することはできない（所法69条１項）。

27）守谷修「イギリス・リバープール市における低未利用地の緑地的活用政策の現状に関する考察」都市計画論文集55巻３号731頁（2020年）、田中美穂・児玉聡・藤田みさお、赤林朗「イングランドの小児緩和ケアに関する法政策・統計データ・資金体制・提供される医療の現状」日本公衛誌第８号462頁（2013年）、坂井文「英国の国営宝くじ基金に見る公園の整備及び再整備に関する財源確保の手法」LRJ71巻５号723頁（2008年）、布施美穂「イギリスにおける宝くじ助成金による博物館支援：その限界点と問題点をめぐって」博物館学雑誌23巻１号37頁（1997年）などを参照。

どについての研究は多くみられる[27]。それは、法体系があるためである[28]。アメリカの宝くじで高額（5,000ドル超）当選した場合、累進課税による連邦所得税と州所得税が課され、賞金金額は25%[29]の源泉徴収を受ける（内国歳入法典3402条(q)(1)）[30]。前章で見た社会主義の中国も、1987年から、その高齢者福祉事業の財源の一部を賄うために「福祉宝くじ」を導入している[31]。いわば、社会主義のなかの資本主義に対する承認が下りたと見ることができる。文化人類学の知見からすれば、Next-11国のうちのフィリピン人の「信念」は、何とギャンブルによって作られる[32]。太鼓判を押したい分析である。「信念」がこのように解釈されるのであれば、日本の「社会的弱者」の信念ももっとギャンブルで作られると良いのかもしれないし[33]、各国の国営宝くじ事業はますます商売繁盛となろう。問題は、やはりフィリピン人のよ

28）イギリスの宝くじに関する近代法のスタートは、Bettingand Lotteries Act 1934ではあるが、既に100回以上の改正と拡充を経ている。1976年法では、宝くじをSmallotteries, Privatelotteries,Societylotteries, Local Authoritylotteriesの四類型と分類している。また、国営宝くじは、1993年のNational Lottery etc. Act 1993によって正式に誕生した。1998法改正は、社会貢献費の16.67%がスポーツに配分することを規定した。

29）ただし、2018年から2025年までは24%である。これらは、本書執筆時点の税率である。

30）100万ドル当てたことを隠したミシガン州在住女性は、フィードスタンプ（低所得者に配られる食券）を受給し続けたため、福祉局は詐欺罪を訴えた事案がある。

31）李鳳月「（資料）中国の社会福祉における政府の責任と民間部門の連携：財政責任と財源の視点から」地域経済研究第20号108頁（2009年）。

　また、2021年の宝くじの種類を比較した記事がある。「2021年中国福利彩票行业市场现状及竞争格局分析乐透份额突破八成」（https://baijiahao.baidu.com/s?id=1690102681085010511&wfr=spider&for=pc［最終確認日：2021年12月30日］）。なお、2018年の監査では、汚職金事件が報じられた。金額は中国政府が未公開。

32）「賭博者は当てにできる信念を強化・増殖させながら、日常世界を賭博の結果を暗示する意味世界として読み替え、再構築している。」師田史子「「賭け」が織り成す意味世界：現代フィリピンにおける賭博の実践から」日本文化人類学会研究大会発表要旨集47頁（2018年）を参照。

33）谷岡一郎「宝くじは社会的弱者への税金か？：JGSS-2000データによるナンバーズ・ミニロトとの比較研究：「Friedman=Savage モデル」の日本における検証を兼ねて」日本版General Social Surveys研究論文集1（東京大学社会科学研究所資料第20集）107頁（2002年）を参照。

うな信念の喪失（人口の減少？）である。少なくとも、中国も日本も宝くじの売り上げは減少の傾向にある[34]。

ここで、「継続的に」宝くじを購入していた元の夫が「偶然的に」得た当せん金を原資とする資産に対して、元の妻が清算的財産分与を申し立てた事件の民法判例に入ろう。家事審判（前橋家裁高崎支部平成28年9月23日判時2360号11頁〔参考収録〕）は、宝くじの当せん金またはこれを原資とする財産を、相続・贈与などの無償取得財産とし、夫婦の協力の有無を無視できるので（民法768条）、元の夫である当せん者の特有財産だと考えた。これに対して、抗告審（東京高判平成29年3月2日判タ1446号114頁[35]）は、宝くじ購入金である「原資」が夫婦の協力による取得した財産から拠出され、宝くじ当せん金の使途も、共同して結婚生活を営む資金であることに着目し、これを共有財産とした。

ここで租税及び債権回収者側の視点を入れる。宝くじの当せん金には「所得税を課さない」（当せん金付証票法13条）と規定されていることから、住民税までが課税の対象外となっている。しかし、法人税は非課税とされていないから、共同購入が人格のない社団等によるものとみられる場合は、法人税の課税を受けるはずである。また、家族へ贈与することなど、金銭・財産の譲渡・移転が見られると、「贈与税」（死亡時は「相続税」）の対象になるだろう[36]。本件のように、夫婦共同拠出の原資と当せん金の共同使用との事実お

34）城戸彩花「宝くじ：その仕組みと役割」自治実務セミナー712号26－28頁（2021年）を参照。「日本は平成17年から右肩下がりに減少しており、自治体の施策推進にも影響を与える状況になっていることから、宝くじの発売団体（都道府県及び政令指定都市）間での協議の結果、売り上げ向上のための3か年緊急対策を令和2年度から講じている。」26頁。「若い世代の宝くじ離れ」27頁。

なお、中国も2009年のよりは減少の傾向にある。前掲注31を参照。

35）成澤寛「判批」民商法雑誌155巻1号182頁（2019年）、家庭の法と裁判13号71頁（2018年）を参照。

36）宮口貴志コラム HP「ドリームジャンボ5億円を手にしたら非課税だけど税務署の目が光っている⁉」（https://kaikeizine.jp/article/23242/［最終確認日：2021年12月30日］）を参照。

よび不貞をきっかけとした離婚による財産分与の枠のうちであれば、所得税・住民税は非課税で整理がつくが（所法9条1項18号、地方法32条1項、313条1項)、贈与・相続税の通常の枠といえる家族から出ていくための「手切れ金」となればどうなるのだろうか。

さらに、競馬事件にも似た問題がある。宝くじ事件の事実にもあったように、元の夫である当選者が婚姻後「継続的に」毎月2000円の宝くじを買い続けた行為は、「投資」ないし「投資を意識した行為」とはいえないのだろうか。暦年ごとの利益としては浮かび上がらないけれども、仮に、平成5年から平成18年までの間、「継続的に」毎月2000円の賭け金（掛け金）を支出し、13年間で2億1000万円のリターンが得られるということは、これこそ、競馬事件において、回収率が100%を超えれば雑所得という混乱を呼び起す最高裁判例の理解につながるのではないだろうか。また、家事裁判事件の元の夫は、平成20年から一時的に当せん金を原資とした「資産運用」を試みて失敗に終わっているけれども、ここには「投資」・「資産運用」意識の高さが伺われる。そうすると、法廷で認められた夫婦共同拠出となった宝くじを買う「小遣い」という原資の「資産運用」が、たまたまではあっても成功したということ自体についてどのような考え方があるのか。債権回収側は、「潜在的な」納税義務者を如何に発見するのか。

他方、債権回収側に「内部分裂」が起きることもある。以下で見るあるあっけない結果となった住民訴訟[37]では、サマージャンボ宝くじの収益金の帰属が、課税問題を契機として表面化し、争われた。

サマージャンボ宝くじは、当せん金付証票法上は、宝くじの発売権限を有しない市町村の要望によって、昭和54年から発売が開始された市町村振興宝くじである。販売権者は都道府県であるが、その収益金は各都道府県に設立された公益法人である市町村振興協会（以下「協会」という。）に交付され、協会が市町村に貸し付けるなどにより運用するものとされていた。しかし、

37）名古屋地判平成19年5月24日判タ1269号188頁。

平成14年、国税当局は、協会に対して税務調査を行い、市町村に対する有利息での貸し付けが収益事業である金銭貸付業（法令５条１項３号）に当たり、法人税の納税義務を負う（法法４条１項）のではないかと指摘をした[38]。そこで、協会は、平成16年８月に寄附行為を変更し、愛知県内の市町村を会員とし、各会員から徴収する会費は当該各年度に市町村に配分すべき交付金をもって充てる（つまり、交付金を支払わない）こととする会員制度を発足させ、昭和54年に遡って適用があったものとみなすこととした。そしてこのときの会費の計算によって、原告の居住する三好町だけでも、昭和54年度から平成15年度までの間に配分を受けられずにいる交付金の額（協会の内部留保）が４億3995万2406円に達することが明るみに出たのである。原告は、協会が県から交付されたサマージャンボ宝くじの収益金を県内の市町村に配分しないことが違法であるとして、町長に対し町に配分すべき収益金相当額の損害賠償請求等を協会に行うよう求めた。しかし、判決は、原告が、サマージャンボ宝くじの収益金は、法律的な帰属関係として市町村の共有、あるいは総有に属するものであるとした主張を退け、収益金は、当初から協会の資産となることが予定されているとした。

さらに興味深いのは、原告が、協会の行った遡及的寄附行為の変更は、「明らかに脱税を目的としたものであって、国民の財産権を保障した憲法29条、地方公共団体の財産管理権を保障した同法94条に違反する」[39]と主張したのに対して、判決は、会員制度は協会の「設立当初からの貸し付け事業の実質的な内容が共済貸し付けであったことを寄附行為上も明確にしたものにすぎないから、その導入によって法人税を免れたものとは認められない」として斥けた点である。

家庭の法の揉め事では「財産形成」の宝くじが財産分与の引火点で、租税

38）この背後には、昭和56年11月の法人税基本通達の改正により、金銭貸付業に該当しない共済貸付と認められるための要件として、貸付金が組合員、会員等の拠出に係る資金を主たる原資とすることが追加されたことがある。

39）判タ1269号192頁。

の法の揉め事では馬券が馬を走らせる鞭である。あるいは、租税側の介入に対して、納税義務者たちの「夢」を託した宝くじとその収益の資産性と帰属の意義が問われる。しかし、どれも、未知の未来に「交換」へ向けての一歩を踏み出そうとした時点に起きた出来事である。しかも、債権回収側の制度そのものを考えると、未来への投企は、ギャンブルでありながらも、福祉貢献「公益事業」である。「継続的に」券を買い続けた納税義務者側からすれば、結果として得られたこれらの「幸運の女神」による贈与は、一種の「配当金」なしい「キャピタルゲイン」であるともいえよう。確かに、「マネーの公理（チューリッヒの公理）」[40]によれば、言い方は様々であるが、生まれ変わろうとするとき[41]、投資と投機（ギャンブル）は同じことになる[42]（ギャンブルは、なぜ道徳的問題や刑事的問題になったのか、また、実はならないのかは、興味深いことである）。となれば、債権回収側にはどんなの言葉をこねる余地があるのだろうか。

40）マックス・ギュンター（林康史・石川由美子訳）『マネーの公理 スイスの銀行家に学ぶ儲けのルール』（日経 BP 社、2005年）。なお、本書の引用は、日経 BP 社の Kindle 版となる。

41）「人生において、富であれ、個人の名声であれ、利益として定義できるものを増やすためには、自分の所有物や精神的な満足感をリスクにさらさねばならない。お金、時間、愛、何につけ、誓いを立てなければならない。それが非情な法則なのだ。まったくの偶然を除いて、それを回避することはできない。地球上のいかなる生物も、この非情な法則に従うことを免除されることはない。蝶になるために、毛虫は太く成長しなければならない、太く成長するために、鳥たちがいる場所へも危険を承知で出かけなければならない。不平を言ってもしかたがない。これが法則なのだ。」マックス・ギュンター、前掲注40、（Kindle の位置 No.121-127）.

42）「率直に話をするジェラルド・ロブが言い表したように、「すべての投資は投機である。唯一の違いは、ある人はそれを認め、ある人はそれを認めないことだ」マックス・ギュンター、前掲注40、（Kindle の位置 No.388-390）.

「それを投資と呼ぼうが、ギャンブルであるという事実に変わりはない」。前掲注40（Kindle の位置 No.415）.

3　It forms a stock of wealth, and it forms a flow of wealth.[43)]：租税学説における「富」の測量法

日本憲法下の三大義務（①勤労、②納税、③教育）から、「法学部の価値論」[44)]が発生する。ただし、不確実性に真正面から立ち向かえば、これは、絶望的に反転不可能なものではないだろう。近年の日本は、18歳の人口の減少にもかかわらず、私立大学の入学定員は増加するという、大学への入学希望者総数が定員総数を下回る「大学全入時代」になりつつある[45)]。そのなか、信仰育成やプロ級のゲーマー養成などの領域において、中高の教育も手を抜いているわけではない[46)]。それでも、落ちこぼれはある。勤労的ではな

---

43) Irving Fisher, What is Capital?, The Economic Journal, Vol. 6, No. 24 (Dec., 1896), pp. 509-534.

“It overlooks the fact that all wealth presents a double aspect in reference to time. It forms a stock of wealth, and it forms a flow of wealth. The former is, I venture to maintain, capital, the latter, income and outgo, production and consumption. Stock relates to a point of time, flow to a stretch of time.” p.514.（「それは、すべての富が時間に関して二重の側面を提示するという事実を見落としている。すべての富は、ストックを形成し、かつ、フローを形成する。前者は、資本である、と私はあえて主張するが、後者は収入と支出、生産と消費である。ストックはある時点に関連し、フローは一定の期間に関連する。」）

44) ヒューマンキャピタル（人的資本）の問題として考えられる。藤谷武史「非営利公益団体課税の機能的分析：政策税制の租税法学的考察（二）」国家学会雑誌118巻１・２号30－31頁（2005年）。

また、アメリカの「所得論争」の流れについては、藤谷武史「非営利公益団体課税の機能的分析：政策税制の租税法学的考察(一)－(四・完)」『国家学会雑誌』117巻11・12号1021頁（2004年）、118巻１・２号１頁、118巻３・４号220頁、118巻５・６号487頁（2005年）を参照。

45) 河合塾2022年10月20日「2022年度入試情報」（https://www.keinet.ne.jp/exam/topic/22/20221020.pdf［最終確認日2022年10月31日］）を参照。

46) 小川和孝「時間割引選好・リスク回避傾向と高校生の教育期待：合理的選択理論における信念の明確化」教育社会研究第98集135－154頁（2016年）、山本雄太「NUMBERS3の統計的価値について：ビッグデータを扱った統計的な問題解決学習に向けて」『日本科学教育学会研究会研究報告』2020年34巻５号57－60頁（2020年）を参照。

いからである。あるいは、天才的ではないからである。もし「所得」が世の中の勝ち組である基準であれば、生活保護受給であっても、変相的に・継続的に債権回収側の地方財政事業や福祉事業に貢献すればいい。債権回収側の管轄下にいる福祉関係の職員らも、「善悪の彼岸」を越え、「転落者」らがいずれは、「自立」できるだろうと願いを込めればいい。世の中は、このようにめくるめく。筆者も天才賞より凡人賞を選ぶ。

ところで、一度は天才たちに教えを乞わなければならない。偶然性を必然性に変えるために、未知への恐れに打ち勝つために、リスクからリターンを得るために、不確実性から確実を手にするために、納税義務者側にとっても、債権回収側にとっても、果たして何が本当の「源泉」であろう。ギャンブルというやや極端な例についての検討をすることによって考えたいのは、「租税による連帯」を通じての「租税による富の再分配」というスローガンの正義性ではなく、富とその周辺の概念をいかに整理するか、ということである。言い換えれば、もし、納税義務者と納税義務者の確実性への投企の投影である債権回収側との共同の運命が、自然災害（疫病・人口増減）や金融危機（市場）などに左右されるのであれば、納税義務者にとって、「所得」から拠出して「租税」に充てられる「確実な部分」はどこにあるのか。前章で見た社会保障法を支える根拠である厚生経済学と租税法との関係において、個々の言葉の意味を整理する必要がある。[47)]

①富（wealth)、あるいは、課税タイミング論・時間論

ここまでは、ある意味では、人文学（物理学にも通ずる）から観察できる

47) 以下の部分の概念用語については、宮本憲一ほか編『現代租税の理論と思想』（有斐閣、2014年)、杜军『欧文费雪的经济理论与政策研究』（中国・首都経済貿易大学出版社、2013年)、張五常『経済解釈（巻二)』（中国・中信出版社、2011年）の第二章の Fisher の利子論（31－60頁）と65頁、中路敬『アーヴィング・フィッシャーの経済学：均衡・時間・貨幣をめぐる形成過程』（日本経済評論社、2002年)、臼井邦彦「Fisher の貯蓄の二重課税論」青山社会科学紀要20巻１号１頁（1991年）などを参照したうえ、日本の租税法学説に照らし合わせて、筆者なりの問題意識において整理したものである。上記参考文献のうち、特に、張五常の考察から得る示唆が大きい。

人間の時間認識という視点を手掛かりに、債権回収側の実在する根拠を公営ギャンブルと租税と国家との関係において検討した。しかし、筆者にこのような不思議と思われるかもしれない切り口を与えてくれたのは、租税法の学説で俎上にのせられやすい「所得の実現」を巡る課税タイミング論である。もちろん、宝くじの賞金等の単なる移転が所得ではないとしているのが有力な見解であるが[48]、「不平等な交換」、「打算的経済人」のような概念があるかぎり、移転も決してニュートラルで中立的な論理ではない。

言い換えれば、いつ実現するのか、どこで現実となったのかは、未来に向かう矢印のある時間軸の上で、「現在」において、過去と未来を見つける（判断する）ことである。ただ、このような時間軸であれば、「現在」も暦年のように進行するものである。変えられない過去とともに進行する「現在」は、未到来の不確実性（リスク）が伴う未来と向き合うことになる。このため、「所得」（収益・損失）という確実なものを掴むために、租税法の学説も時間軸における選択をしなければならなくなっている。

帳簿という実物（電子帳簿はデータであるかもしれないが、記録することにおける実物化行為と考えられる。）を介して、現行の富を再分配する租税機能の強化を重視する包括的所得概念のもとでは、主にフローの変化に注目する「発生主義課税」とストックの変化に注目する「時価主義」の二種類の所得を認識する課税方式があると言われている。ここでは、神山弘行が整理した表現を援用しておこう。

「収益や損失の計上時期に関して、現金の出入りの時点（現金主義）ではなく、債権・債務関係が発生または確定した時点で認識する課税方式を［発生主義課税］とよぶ。それに対して、資産の年度初めと年度末の価値変化に着目して（すなわち純資産の増減に着目して）課税を行う方式を［時価主義課

48）中里実「所得概念と時間：課税のタイミングの観点から」金子宏編『所得課税の研究』（有斐閣、1991年）129頁、152－153頁。中里実は、Fisher の富についての解釈に触れ、「フロー型所得概念と呼ぶことにする。この考え方の下においては、財・サーヴィスの生産という経済活動のリターンのみが所得とされ、キャピタルゲインや、相続・贈与、宝くじの賞金等単なる移転は所得とされない。」と述べている。

税］とよぶ。

どちらも、理念的な包括的所得概念に忠実な課税方式を志向するという点においては、共通している。しかし、発生主義課税は主に［フローの変化］に着目しているのに対して、時価主義課税は主に［ストックの変化］に着目して包括的所得概念に準拠した課税を志向しているものと考えられる。そこで、本書では、便宜上、フローの変化に着目して包括的所得概念に接近した課税を志向する場合を指して［発生主義課税］と呼び、ストックの変化に着目して課税を志向する場合を指して［時価主義課税］と呼ぶことにしたい。」

「課税のタイミングを論ずる際には、〔実現〕という概念が一つのキーワードになる。しかし、実現概念には、①課税のタイミングを決定する機能、②所得の範囲（所得概念の外延）を決定する機能、③課税の対象者（所得の人的帰属）を決定する機能が複合的に混在している。」[49]（ただし、前章で見たような、貯蓄である財産を担税力審査にいれることは、二重課税の疑いがあるので、消費課税を支持すべきとも考えられる[50]。）

既に述べたように、債権回収側とは納税義務者の不確実性から見ようとする確実性の影であるという認識に基づけば、債権回収側が立つ「現在」と納税義務者が立つ「現在」とは、共に進行する暦年の時間性を持ち、重なっているように見える。しかし、両者の「現在」は、実物と影の関係にあり、そもそも異なるものであるから、そこに生じる時差ないし距離が問題となる[51]。正午であれば、影は短い。ゆえに、中立性や公平性を求めるのであれ

49）神山弘行が『所得課税における時間軸とリスク：課税のタイミングの理論と法的構造』（有斐閣、2019年）36－37頁。なお、神山は、この部分に対する注38のなかで、渡辺徹也「実現主義の再考：その意義および今日的な役割を中心に」税研147号63頁（2009年）と岡村忠生「所得の実現をめぐる概念の分別と連接」法学論叢166巻6号94頁（2010年）を参照していると説明したうえ、岡村論文は、課税時期の問題と年度帰属の問題を区別すべきと説いている（同論文95頁）ので、「仮に、岡村論文における定義に従えば、本書で主に問題としているのは課税時期ということになる。しかし、政府と納税者の視点を峻別するという観点からは、課税時期の問題だけではなく、年度帰属の問題も密接に関係する」ということを指摘している。

50）中里、前掲注48。

51）この「時差」のことについて、租税政策論の解釈として、藤谷武史は、アメリカの

ば、「正午」を狙うべきであろう。もちろん、正午といっても、天体運動の関係という常識からすれば、異なる場所の同じ「現在」において、異なる複数の正午があることになる。したがって、ここには、税制設計にとっての富の「トートロジー」[52]が現れたのではなく、富（wealth）が、如何に収入と支出、生産と消費（income and outgo, production and consumption）という「フロー」から、資本(capital)という「ストック」としての姿を現すのか、が問題として現れる。ここでは、差し当たり、現代にとっておなじみの「貨幣」を考える。

②利子論（interest rate）[53]

学説によれば、アメリカにおける現金受領時期の操作（課税繰り延べ）の問題に対し、①「みなし受領の法理（Constructive Receipts Doctrine）」、②「現金等価（現金等価物）の法理（Cash Equivalence Doctrine）」、③「経済的利益の法理（Economic Benefit Doctrine）があり、③の法理には、現金の「金銭の時間的価値（time value of money）」の問題が含まれるとされる[54]。しかし、そもそもvalue系譜の問題から導かれた、いわゆるpresent valueとfuture valueとの間の差額は、「貨幣」という交換物によって証明されていなくても、物々交換によっても証明しうる（例えば、今日5個りんごをくれた人に6個みかんを返すことのように、りんごとみかんとの間に共通の単位

「所得とは何か」をめぐる論争の延長線（戦）上に、「公益」の在処を問いつつ、「非営利公益団体課税」を俎上に載せ、Simonsの「包括的所得」概念のEx poseを「支出」的意図を問い直した（藤谷、前掲注44、34頁）。これに対して、神山は、事前（ex ante）と事後（ex post）の視点と読んでいる（神山、前掲注49、148頁）。さらに、神山は、「個人の時間選好率（individual rate of time preference）」と「社会的時間選好率（social rate of time preference）」（神山、前掲注49、220頁）についての問題を提示しているが、筆者の考えている「時差」や「投影」とは、やや異なるモデルであるかもしれない。むしろ、筆者は、マルクスのいう資本の「時間のズレ」を念頭に置いている。カール・マルクス（今村仁司ほか訳）「貨幣の資本への変容」『資本論（第一巻・上）』（筑摩書房、2005年）258頁。

52）藤谷、前掲注44、33頁。

53）日本語訳は、「利率」を「利子歩合」としている。

54）神山、前掲注49、40－44頁、53頁。

(numeraire) を求めれば、交換は成立する)[55)]。すなわち、貨幣がなくても、利子は存在する。このとき、利子が＞0になるために、二つの必要条件がある。①交換する人々（消費者）は、impatience to consume であること（心理的満足論[56)]）、および、② opportunity to invest が十分にあることである[57)]。このような条件を用いて、利率が計算される。そして、（その他、リスク等を表す市場原則要件も含めた）フローの側面を有する income and outgo, production and consumption のそれぞれを、この利率で割った結果の数値の合計（若しくは、これらのすべてを足して利率で割った結果。ここが包括的所得概念の肝心かもしれない）が、ストックの側面を有する capital である。

③資本（capital value）と資産（capital asset)、あるいは、「年金（annuity)」とは何か

長崎年金訴訟最高裁判決（最判平成22年7月6日民集64巻5号1277頁）の法理を理解するために、「資産の価値」を「将来キャッシュ・フローの割引現在価値の総合」と観念するファイナンス理論の視点が必要とされる[58)]。租税法の用語上、資本と資産が同じことを指しているのかは確認できないが、一連の出来事である income を得られるあらゆるもの（土地、人間自体）は資産であり[59)]、資本はあらゆる income を割り引したもの（income discounted）で

55）張、前掲注47、35－36頁にあるモデルを修正したものである。

56）この概念については、稿を改めて検討したいが、Fisher の着眼点は、簿記的な手法を通じて、すべての「暮らしぶり」を差し引いた後に残る唯一の違いが「心理的所得」という変数である、ということではないかと考えられる。また、Fisher は、この概念を通じて、「利子は（資本利得を除く）所得の一部ではなくその全部である（interest is not a part, but the whole, of income (except for capital gain)（Fisher、前掲注1、p.332）という観点を述べたかったのではないかと思われる。

57）Fisher、前掲注1、pp.61-227.

58）神山、前掲注49。

59）張五常（前掲注47）は、Steven N.S. Cheung と同一人物である。彼は、文化大革命の「紅衛兵」たちの行動から、資本と資産の問題を論じている。Steven N.S. Cheung, Irving Fisher and the Red Guards, The Journal of Political Economy, Vol.77, No.3, (May-Jun.,1969), pp.430-433.

Fisher に従って言えば、「資本の諸形態（forms of capital)」の内容として、「human

あるので[60]、capital value は、income discounted から「現在所得」（present income）を引いた結果（future income discounted）である。ただし、「現在」という時間は短いので、「現在所得」の測量値が0に近い場合、capital=capital value となる。もし、この用語法を守ると、生命保険契約の保険金の金額自体は、死亡した人の present value となる capital とみなすことができる。それは、生命保険の利率で生前に見込まれた将来所得を割った結果である。人間は（労働することを前提に）income を得られる資産であるが、死亡した人間にはこれ以上 income を得られないので、capital にとどまり、capital value の計算が不必要、不可能となる。ただし、生命保険金とは、生命表に従った人間のあるべき capital の金額があると仮定して、その金額に生命保険の相場利率を掛けた結果である。この場合、得られた結果が年金（annuity income）となることもある。capital はストックであるゆえ、その数値は変化しない。また、生命保険の相場利率も一定であるゆえ、年金の数値も変わらないである。ゆえに、annuity income は変わらない。

長崎年金訴訟の問題は、生命保険金に対する認識不足からくるのか、それとも、債権回収側が「強権」を利用しているのかとも関係するが[61]、受益者にとっては、年金受給権ではあるが、死亡した人の capital というストックの2300万を相続し、10年に亘って受け取ることに過ぎないのである（旧相続税法の0.6は死者という capital に対する余計なお世話である[62]。）。そうすると、

---

beings, land, houses, pianos, typewriters」などをあげることができる（Fisher、前掲注１、p.33）。そして、「単純な事実は、一切の所得が資本化されうること、それには、人間に帰属する所得が含まれ、したがって、人の経済的価値が結果として計測できることである（The simple fact is that any or all income may be capitalized, including that credited to human beings, thus giving the resultant economic value of a man.)」（Fisher、前掲注１、p.34）。

60）Fisher、前掲注１ at 28、“Capital value is income capitalized or discounted.”.

61）国税庁タックスアンサーHP「No.1620 相続等により取得した年金受給権に係る生命保険契約等に基づく年金の課税関係」（https://www.nta.go.jp/taxes/shiraberu/taxanswer/shotoku/1620.htm［最終確認日：2021年12月30日］）。

62）平成22年法律第６号による改正前の相続税法24条１項１号は、長崎年金訴訟で問題となった残存期間が５年を超え10年以下の定期金給付契約の権利の評価において、その残存期間に受けるべき給付金額の総額に対して100分の60を乗ずると規定していた。

相続税で課税された場合、所得税は課すべきではない[63]。確かに、相続することによって、受益者にとって、10年間に分けられた貨幣資産（この貨幣の塊を所得の得られる資産と考える場合）は得たので、所得税の源泉として認識できる。しかし、この場合、「元本部分」も相続税の文脈に帰するべきではない。付け加えると、論理的に、時間に基づく income の present value は、遠い未来（時間が長いため）の方が低く、近い未来のほうが高い。相続税法の評価割合そのものが問題なのかもしれない。

④貯蓄（saving）と投資（investment）と所得（income）

未来を勝ち取るために、投資＝投機は重要である。例えば、Fisher は、将来、享受うる所得に対する権利を取得することを投資と呼び、現在、享受される所得を取得することを支出と考えている（Purchasing the right to remote enjoyable income is called investing; while purchasing more immediate enjoyable income is spending.）。また、「これらは相対的な概念の違いに過ぎない。将来か現在かは、相対的な違いに過ぎないのだから。自動車を買うことは、食物や飲料を買うために金銭を支出することと対比すれば、投資である。しかし、不動産に投資することと比較すれば、支出と呼ぶことになるかもしれない。にもかかわらず、金銭の支出と投資との対比は、重要である。

しかし、これには批判が強く、長崎年金訴訟の問題が表面化するなか、「金利水準の低下・平均寿命の伸長により……評価額が実際の受取金額の現在価値に比べ非常に低いものとなってい」たことを理由に、改められた。財務省『税制改正の解説（平成22年度)』427頁。

63）長崎年金訴訟第一審判決（長崎地判平成18年11月７日民〔参〕64巻５号1304頁）は、「本件年金は、本件年金受給権に基づいて……年の応答日に発生する支分権に基づいて原告が保険会社から受け取った最初の現金である。上記支分権は、……これが行使されることによって基本的な権利である本件年金受給権が徐々に消滅していく関係にあるものである。……相続税法による年金受給権の評価は、将来にわたって受け取る各年金の当該取得時における経済的な利益を現価（正確にはその近似値）に引き直したものであるから、これに対して相続税を課税した上、さらに、個々の年金に所得税を課税することは、実質的・経済的には同一の資産に関して二重に課税するものであることは明らかであって、前記所得税法９条１項15号の趣旨により許されないものといわなければならない。」と述べていた。

所得が、現在のものか、将来のものかを区別するからである。この２つの間の調整は、人の所得の流れの時間的要素を決定する。支出は、現在の実所得を増加させるが、将来の所得を減少させる。逆に、投資は、現在の所得を減少させて、将来の所得とする（Spending increases immediate real income but robs the future, whereas investing provides for the future to the detriment of the present.）。」と述べている[64)]。

富のストックであるcapitalが所得を利率で割った結果であるincome discountedであるなら、逆に、incomeはcapitalに利率を掛けた結果であり、利子に等しいことになる。言い換えれば、incomeは、capitalを減らさない「潜在的消費（potential consumption）」である[65)]。また、どんなときも利子が存在しうるという前提を保つために、「現在」という時点から見ると、未消費の部分＝貯蓄（過去）であり＝投資（未来）である。ただし、利率を攪乱する要因も多くあることは問題になる。そのひとつ例として、「発明」も挙げられる[66)]。このことは、科学技術とグローバル課税の問題につながっている。次章で展開する。

64） Fisher、前掲注１、pp.113-114

65） 張五常（前掲注47）は、Fisherの“actual”の概念を、“potential”として解釈し、「投資とは、時間を通じた消費の残余（Investment is the balancing of consumption over time.）であり、所得とは、潜在的消費で、まだ富を減少させていないものである（Income is potential consumption without trenching on wealth.）」と説明している。43頁。

66） Fisher、前掲注１、pp.341-355.

第四章　結びと展望：AI を視野に

1　守るシステム：タックスヘイブンへの道程

投機と投資は同じことであるという前提で「マネーの公理（チューリッヒの公理）」を教えてくれたその本の冒頭には、重要な啓示がある。

「スイスの謎を考えてみよう。私の先祖伝来の土地は、米国メイン州の約半分の大きさにすぎない岩だらけの場所である。海には面していない。地球上で最も鉱物資源に乏しい場所。埋蔵する石油は一滴もなく、辛うじて耳掻きで掬うほどの石炭があるくらいのものだ。農業を営むには、天候が厳しく、土地は荒れており、何を育てるにも適さない。三〇〇年間、欧州の戦争とは距離を置いてきた。この間、この土地を欲しいと思う侵略者が誰もいなかったからだ。しかし、スイス人は世界で最も繁栄した人々である。一人当たりの所得は米国、ドイツ、日本と並ぶ。スイス・フランは、世界で最も安全でリスクが低い通貨の一つである。スイス人は、どうやって現在の地位を築いたのだろうか。世界で最も賢い投資家、投機家、ギャンブラーとして、それを手に入れたのだ。」[1]

頷くしかない。2020年の数値を見ても、スイスの一人あたり GDP は71,832ドルで、OECD の合計の45,181ドルよりもはるかに高く、世界４位となっている[2]。

既に告白したように、第三章の後半から、筆者は、やや債権回収側に感情

1）マックス・ギュンター、第三章注40、（Kindle の位置 No.83-93）.
2）OECD データ HP（https://data.oecd.org/gdp/gross-domestic-product-gdp.htm［最終確認日：2021年12月30日］）。

移入しようとする努力を始めたので、「マネーの公理（チューリッヒの公理）」のこの書き出しから、直ちに何か「裏がある」と感じた。もちろん、感情移入し始めたといっても、債権回収側とは個々人の確実性への渇望の投影であるという立場を放棄しているのではない。それでも案の定、タックスヘイブンの「裏」を「徹底解明」しようとする解説本[3)]に、スイスはタックスヘイブンのひとつとして登場している[4)]。「マネーの公理（チューリッヒの公理）」を解説本と照らし合わせてみる。①この本が誕生した時期（1976年）、②この本に描かれた「公理」が開発と応用された時代（1930年代）、③いまのグローバル課税論が打倒を目指すタックスヘイブン（および後述するタックスヘイブン現象＝信用）の「純粋な現代のタックスヘイブン」が創造されたきっかけ（1869年にモナコ大公シャルル三世のカジノの設立許可）がギャンブルだったこと[5)]。これらのことは、第三章のなかの筆者のギャンブルが「当たり」となったことを裏付けることになった。

ただ、このように論述すると、筆者の詭弁であるような誤解を招きかねない。なぜなら、学術論文の記述者であれば、必ず事前に記述用の資料の全部を目通ししているはずなので、それらを「再構成」しているだけであって、不確実性に賭ける訳がない、という学術論文の作法上の因果論があると思わ

3）ロナン・パラン、リチャード・マーフィー、クリスチャン・ジャヴァニュー（青柳伸子訳）『〔徹底解明〕タックスヘイブン：グローバル経済の見えざる中心のメカニズムと実態』（作品社、2013年）。

4）タックスヘイブンそのものの問題について扱うことは、本書の意図ではないが、問題意識の形成には、諸富徹『グローバル・タックス』（岩波書店、2020年）、望月爾「書評：諸富徹『グローバル・タックス：国境を超える課税権力』岩波書店、2020年」財政と公共政策43巻1号70頁（2021年）、朝日新聞ICIJ取材班『ルポタックスヘイブン：秘密文書が暴く、税逃れのリアル』（朝日新聞出版社、2018年）、上村雄彦『不平等をめぐる戦争：グローバル税制は可能か』（集英社、2016年）、志賀櫻『タックス・イーター：消えていく税金』（岩波書店、2014年）、志賀櫻『タックス・ヘイブン：逃げていく税金』（岩波書店、2013年）、クリスチアン・シャヴァーニュー、ロナン・パラン（杉村昌昭訳）『タックスヘイブン：グローバル経済を動かす闇のシステム』（作品社、2007年）などを参照した。

5）ロナン・パラン、リチャード・マーフィー、クリスチャン・ジャヴァニュー、前掲注3、187－188頁。

れるからである。あるいは、このような一文は、そもそも、読者にとって、どうでもいいことなのかもしれない。回りくどい文体を選んだ筆者の意図は、投機と投資は同意語であるということを強調したいからである。

ギャンブルで言えば、当たりか外れか、経済や金融でいえば、収益か損失か、正統派の租税法でいえば、所得か消費か、といった言葉らの指示対象は、結果的に同じ課税物件およびその「帰属しうる性」を指示する問題になるからである。また、既にネタバレをしたように、第三章のなかで筆者がギャンブルに嵌まった理由は、本章ではタックスヘイブン対策税制のことというより、「タックスヘイブン現象」を扱いたいからである。では、少し「マネーの公理（チューリッヒの公理）」の誕生地であった「スイス問題」について触れておこう。

スイスが「裏のある富」を得た最初のきっかけは、15世紀末から始まった傭兵政策に伴う「血の輸出」の報酬が当時のスイスの銀行に集まったことと、スイスの銀行家たちがこれを「資本金」としてヨーロッパ各地の王や領主が起こす戦争に「融資」を始めたことにあると言われる[6)]。また、フランスの宗教改革のなかで被害を受けた「フランス工業の資本主義的発展の最も重要な担い手の一つ」[7)]だったユグノーらのジュネーブへの亡命も、スイスの早期の富を形成する要因であると指摘されている[8)]。前者の「貯蓄」と後者の「資産運用」との結合によって、スイスの個人銀行（Private Bank）は、20世紀初頭に完成を見たのである[9)]。さらに、ヨーロッパの人々は、自分らにとって確実だった国家や故郷が二度の世界大戦でその確実性が問われるなか、安定な生活を求め、未来へ賭ける希望とともに、確実となる富をも中立国のスイスへ持ち込んだ[10)]。

6）田中文憲「スイスにおけるプライベート・バンキングの発展」奈良大学紀要第31号2頁（2003年）。
7）マックス・ウェーバー（大塚久雄訳）『プロテスタンティズムの倫理と資本主義の精神』（岩波書店、1989年）28頁。
8）田中、前掲注６、２－３頁。
9）田中、前掲注６、３頁。
10）田中、前掲注６、３頁。

「賢者は歴史に学ぶ」11) だろう。人々にとっては、厳密にいえば、守られなくなったことで未来へ投企しようとする者たちにとっては、戦争や金融恐慌などの「非常事態」から脱出し、新たな「守るシステム」を求めることは重要である。このような「守るシステム」の現れ方のひとつに、スイスの「銀行機密（banking secrecy）」12) があると言えよう（スイス銀行および貯蓄銀行に関する連邦法47条、スイス刑法273条）13)。また、二度の世界大戦を経たからこそ、確実性の投影としての「国家」がますます不確実性を帯びるようになり、「国際化」、例えば、ヨーロッパ各国から EU へ、OECC から OECD へといった感じの新しい確実な次元の「超国家機関」が誕生したのであろう。そこで、今や「超国家機関」も債権回収側になった。

この債権回収側へどう感情移入をすればいいのか。恐らく第三章のなかでみた公営ギャンブルの国際版にしか過ぎないではないかと思われる。例えば、少なくとも20年以上にもわたる OECD の弛まぬ努力のひとつは、いわゆるタックスヘイブンとなった幾つかのギャンブル場から運営コストを回収することに費やされている14)。これは、第三章のなかで見た、プロ級のゲーマーたちの誕生や、サマージャンボ宝くじと同じような「内部分裂」に似ていると思われる。

11）「愚者は経験に学び、賢者は歴史に学ぶ。（Nur ein Idiot glaubt,aus den eigenen Erfahrungen zu lernen.）」ドイツ鉄血宰相オットー・フォン・ビスマルクの言葉を念頭に置いている。

12）藤田憲資「スイスの『銀行機密』と資金フロー」保健医療経営大学紀要13号５頁（2021年）。他方、増井良啓は、「銀行秘密」という訳語を援用している。「租税条約に基づく情報交換：オフショア銀行口座の課税情報を中心として」金融研究30巻４号253頁（2011年）。

13）藤田（前掲注12）は、47条の「守秘義務」を成文化させた背景には、①政府の監視およびコントロールの強化、②フランスによる執拗な脱税追跡、③国内銀行員による情報の漏洩という、顧客の不安があったからと説明している。５頁。

14）その最大の成果が、タックスヘイブン対策税制（外国子会社合算課税制度）の強化を謳った OECD の BEPS (Base Erosion and Profit Shifting) 最終報告書（OECD (2015), Designing Effective Controlled Foreign Company Rules, Action 3 - 2015 Final Report, OECD/G20 Base Erosion and Profit Shifting Project, OECD Publishing, Paris. http://dx.doi.org/10.1787/9789264241152-en）である。

タックスヘイブンのイメージについての少し高踏的な言い方をすれば、本来は、自国経済に貢献するだろうと予測される、相手国との通商行為上の二重課税の排除を認めるためのルール（租税条約）が、自らの課税を減免するルートとして富の誘致に乗り出した国々に利用され、「有害な税の競争」が生まれたという「逃避行」なのである（また、香港のような、租税条約とは無関係に、そもそも最初から租税が（ほとんど）ないようなタックスヘイブンもある。）。これに対するOECDの努力が実った果実とは、人類の歴史を変えた三つ目のりんご＝Apple会社（一つ目は、アダムとイブが食べたりんご、二つ目は、ニュートンの頭に落ちたため、万有引力が発見されたりんご）と並ぶAmazon・Google・Facebookなどのグローバル企業に対して、いわゆるBEPS2.0版を2021年10月にようやく合意できたことである。具体的には、OECDによるPillar 1としての課税権の「再分配」[15]（その背景には、一部の国々によるDST（Digital Service Tax）の導入があった[16]。）、Pillar 2としてのGloBE（Global Anti-Base Erosion）ルール、すなわち15％の最低法人税率の導入等[17]があげられる。また、EUが「実体的経営のない」ペーパーカンパニーの乱立を制限するための欧州議会指令案[18]を公表したことも、成果のひと

15）Pillar 1については、2020年10月に「青写真」が公表されたが、本書執筆時点では、目立った動きはない。OECD (2020), Tax Challenges Arising from Digitalisation – Report on Pillar One Blueprint: Inclusive Framework on BEPS, OECD/G20 Base Erosion and Profit Shifting Project, OECD Publishing, Paris. https://doi.org/10.1787/beba0634-en.

16）特に、EU諸国および英国でのDST導入と、これに対抗する米国の報復関税の動きについて、渡辺徹也「デジタルサービス税の理論的根拠と課題：Location-Specific Rent関する考察を中心に」フィナンシャル・レビュー143号219頁、220-222頁（2020年）、渕圭吾「デジタルサービス税（Digital Services Tax）をめぐる動向」RIETI Discussion Paper Series 21-J-038（2021年）を参照。

17）Pillar 2については、2021年12月にモデルルールが公表された。OECD (2021), Tax Challenges Arising from the Digitalisation of the Economy – Global Anti-Base Erosion Model Rules (Pillar Two): Inclusive Framework on BEPS, OECD, Paris.
　また、デジタル経済下における国際研究会「デジタル経済下における国際課税の在り方について：デジタル経済下における国際研究会中間報告書」（令和3年8月19日）などを参照。

18）Proposal for a Council Directive laying down rules to prevent the misuse of shell

つとである。

そのほか、あるいは、ある意味では、逃げだした富を回収する一環として、「透明性のある情報交換制度」[19]という手続法の攻め方から、タックスヘイブンとしてのスイスだけではなく、「(秘密を) 守るシステム」としてのスイスにも圧力をかけ[20]、ある程度の成功を収めた[21]。興味深いのは、このような圧力のなかでも、いわゆる「課税情報」以外[22]の視点から考察されたスイスの「守るシステム」は崩壊せず、少なくとも、銀行部門におけるマネー流出入上は、「流出という形で負の影響が出ているとは言えない」[23]とされていることである。むしろ、コロナ禍のなか、2020年上半期にスイスの８大手銀行の預かり資産は「800億 CHF 純増した」[24]のである。

ここまでくると、「ギャンブルの極意を探す」方法論は正しいことになる。問題は、この方法論が何を説明できるのかになろう。これを解明するまえに、OECD の加盟国ではないが、OECD・BEPS プロジェクトの包括枠組み（Inclusive Framework）の一員となっている社会主義国の脱税事件を見る。

---

entities for tax purposes and amending Directive 2011/16/EU, Brussels, 22.12.2021 COM (2021) 565 final.

19）GloBE ルールの執行においても、透明性が強調されている。OECD (2020), Tax Challenges Arising from Digitalisation – Report on Pillar One Blueprint: Inclusive Framework on BEPS, OECD/G20 Base Erosion and Profit Shifting Project, OECD Publishing, Paris, https://doi.org/10.1787/beba0634-en, at 38-39.

　また、増井、前掲注12、藤谷武史「課税目的の情報交換制度のグローバル化と国内裁判所の役割」社会科学研究69巻１号39頁（2018年）を参照。ほかに、スイスに対する米国の FATCA を参照。財務省 HP「米国の外国口座税務コンプライアンス法（FATCA）関連」(https://www.mof.go.jp/tax_policy/summary/international/340.htm [最終確認日：2023年１月14日])。

20）増井、前掲注12、UBS 事件275－278頁。

21）藤田、前掲注12。

22）「課税情報（tax information)」とは、所得税や相続税などの、課税目的のために必要な情報であるが、これとは別に、あるいは、区別すべきが資金洗浄（money laundering）規制など、課税以外の目的のために必要な情報もある。」増井、前掲注12、254頁。

23）藤田憲資「スイスによるマネーロンダリングへの取り組み：近年の姿勢の変化、その評価と影響、および現状の課題」保健医療経営大学紀要13号14頁（2021年）。

24）藤田、前掲注23、12頁。

2　独禁違反と脱税の間：中国の有名人脱税事件を素材に

OECD の税制改革2020年報告書[25]は、「初めて（marks the first time）」[26]中国に触れた。すなわち、報告書は、中国の PIT（Personal Income Tax, 個人所得税）の改革における、税率および課税ベースへの変更について言及した[27]。また、中国と日本を対置した形で、消費税＝VAT 面での税制改革についても説明をした[28]。この「超国家機関」は、中国の税制改革が OECD 国際 VAT／GST のガイドライン（The International VAT/GST Guidelines）に沿う「改善」となったことを評価している[29]。ちなみに、2019年10月１日に施行された日本の消費税率引き上げに対しては、「改悪」の評価はないものの、世界的な VAT 税率の「安定」に対する例外とされている[30]。「共に豊かになる」スローガンの実践に関連する中国の個人所得税改革とともに話題になるのは、芸能人らに関する脱税摘発事件である。

2018年５月、ネットによる投稿を受け、６月江蘇省税務当局は、女優の范冰冰および関連企業が映画出演の際に偽の契約書を作成し[31]、ギャラを過少申告していた疑いがあるとして調査を開始した。10月３日、范冰冰および関連企業が映画の出演料をめぐり、計1.34億元（約23億円）を脱税したと認定し、両者に対し追徴課税や滞納金、罰金の計約8.44億元（約146億円）の支払いを命じた[32]。中国国内の「タックスヘイブン」コルガス市（新疆ウイグル自

25） OECD (2020), Tax Policy Reforms 2020: OECD and Selected Partner Economies, OECD Publishing, Paris, https://doi.org/10.1787/7af51916-en.
26） OECD, supra note 25 at 10.
27） OECD, supra note 25 at 50-56.
28） OECD, supra note 25 at 83-84.
29） OECD, supra note 25 at 84, Box.3.6. China's recent VAT reforms.
30） OECD, supra note 25 at 83.
31） 「陰陽契約」（実際の報酬を隠す二重契約とされている）。
32） 中国税務総局 HP「税务部门依法查处范冰冰“阴阳合同”等偷逃税问题」(http://www.chinatax.gov.cn/chinatax/n810219/n810724/c3789033/content.html［最終確認日：2021年12月30日］)。

治区）にあるペーパーカンパニーを通じた脱税であるとされている。このことをきっかけに、2018年７月以降、多くの会社が慌てて解体や名義人の変更を進めたと報じられた33)。

また、2021年８月27日、中国税務総局上海税務局は、人気女優の鄭爽に対し、脱税、高額報酬、「陰陽契約」については「ゼロ・トレランス」（お目こぼしなし）とする方針を明言し、2019年から2020年のテレビドラマ撮影中に脱税などで罰金2.99億元（約51億円）の支払いを命じた34)。

さらに、2021年12月20日、浙江省杭州市の税務当局の発表によると、インターネットのインフルエンサーで、中国の「ライブコマースの女王」35) と呼ばれる薇娅（Viya）の脱税が発覚し、13.41億元（約240億円）の罰金を科され

33）中国・伊利日報（2018年８月27日）に25件の法人「解散公告」が載せられた。

34）中国税務総局 HP「上海市税务部门依法对郑爽偷逃税案件进行处理」(http://www.chinatax.gov.cn/chinatax/n810219/n810724/c5168456/content.html［最終確認日：2021年12月30日］)。

35）片山ゆき「エコノミストリポート：中国で伸びる〔ライブコマース〕って？ネットの商品実況で保険も販売」週刊エコノミスト（2020年９月22日）の説明を援用すれば、「ライブコマース」が「テレビの通販番組と異なる点は、視聴者の質問にリアルタイムで返答できること」で、「視聴者がスマホのチャット機能を使って「袖の長さは何センチか」などと質問を投稿すると、質問テキストが画面に現れ、インフルエンサーは話して答える」ということである。片山は、同じ記事のなかで、日本の保険業界への適用可能性について検討している。

なお、高口康太「〔特集〕中国の技術　ライブコマース　インフルエンサーが販売も担当　低認知度商品も動画で詳細説明」週刊エコノミスト（2018年３月20日）によれば、「ライブコマースは2015年から導入してから爆発的な成長を続けてきた。」

また、薇娅（Viya）については、「NHK クロ現にも出た〔ライブコマースの女王〕、脱税で240億円罰金の衝撃。ファン・ビンビン上回る荒稼ぎ」ITmedia ビジネスオンライン HP（https://news.yahoo.co.jp/articles/f073c90652cddf54315b9ee010089c5a7e40d00f?page=2［最終確認日：2021年12月30日］）などを参照。

さらに、ライブコマースに関連する、バーチャルのインフルエンサーによるバーチャルファッションは、知的財産法の問題もあると考えられる。これらについては、関真也「バーチャルファッションと法 (2) バーチャルインフルエンサーに関わる知的財産権・肖像権・広告規制」発明＝ The invention 118 (12)（2021年１月）38－41頁、関真也「バーチャルファッションと法：バーチャル試着とアバター接客に関わる知的財産権・肖像権・広告規制」発明＝ The invention 118 (10)（2021年10月）46－49頁を参照されたい。

たことが明らかになった[36]。同日の薇娅の夫の「謝罪文」によると、2019年から2020年にかけて、「租税コンサルティング業者」に税務の管理を委託し、国内の「タックスヘイブン」に設立した複数のペーパーカンパニーに売り上げを付け替えたことで所得の「虚偽申告」となったが、税務当局の指摘を受け、既に全部の所得を個人所得税として再計算し、個人所得税の最高税率45％で支払うことにしたという[37]。

続いて、2021年12月22日と12月23日の二日間、合計31省の税務当局は、芸能人やインフルエンサーらに「税法および関連規定」に従い、所轄当局に「自白」するように、との「通告」を公示した。もっと巧妙な動きとして、その一日前の同年12月21日、中華人民共和国審計署[38]は、「財政部、国家税務局提出した『財政部、国家税務局により違法返還税収収入等の分野の問題についての是正状況』についてのまとめ」を公表したのである。「まとめ」のなかで、審計署は、脱税事件多発の現状について、二点を述べた。①違法な税金の還付により財政収入の流出が生じていること。②個人所得税の徴収制度の問題があるため、高所得者がこれを利用して脱税を行っていること。①は謝罪で、②は公表者らの本音である。わかりやすく「翻訳」すれば、はらわたが煮えくり返る思いを抱いている税務当局と審計署といった財務部門は、中国国内のタックスヘイブンの乱立問題の責任を、中国地方政府の法人投資の誘致政策に帰そうとしている、ということである。

具体的な「脱税」（＝軽減税率の利用）のイメージは、日本のものに近い[39]。例えば、本来なら、居住者の通常の個人総合所得に７段階の累進税率

36) 中国税務総局 HP「浙江省杭州市税务部门依法对黄薇偷逃税案件进行处理」（http://www.chinatax.gov.cn/chinatax/n810219/c102025/c5171507/content.html）［最終確認日：2021年12月30日］）。

37) 中国・中国会計報（2021年12月20日）を参照。

38) 組織のイメージについて、白智立「中国における会計検査制度の改革と課題」会計検査研究52号85頁（2015年）を参照されたい。

39)「大企業や富裕層にとっては日本もタックスヘイブンです。……日本の大企業は、各種の租税特別措置法（優遇税制）によって、実際の税負担率は低くなっています。
優遇税制によって巨大商社が実際に支払った税負担は、法人実効税率が35％から40％であった2010年度から2014年度までの５年間において、三菱商事（7.9％）、伊藤

が適用される[40)]。一方、法人税率は20％で、個人事業（日本の事業所得に相当）については17％。地方の優遇政策を利用すれば、これらの実効税率は10％以下となる。さらに、これらの地方の優遇政策と租税徴収管理法との間の齟齬もしばしば問題となる。租税の徴収は、帳簿査定徴収（查账徴収）が一般的ではあるが、帳簿が完備されていない場合、税務機関による査定徴収（核定徴収）に切り替えることができる。1994年から2018年6月まで、地方税と国税の徴収体制は分離体制をとっていたので、地方税務機関による査定徴収が地方の優遇政策をさらに「優遇」すること、あるいは、逆に地方政府が優遇政策を否認したことで争われた事案[41)]もある。

ところが、脱税の金額から導かれ、人民の間で流行った面白い等式は、一冰＝8.44億、一爽＝2.99億、一薇＝13.41億であった。要するに、追徴課税ニュースに対する女優やインフルエンサーのような「富裕層の戦慄」ではない。住宅ローンのため「房奴」となった人民の本当の「戦慄」は、彼らの自分自身の「フォロー」をしたことによって彼らが感じた女優やネットインフルエンサーの「金額」の大きさそのものである。しかも、それは所得ではなく、単なる税の金額に過ぎない。

しかし、ここで考えたいのは、日本の、OECDの、並びに中国政府の、「公営ギャンブル的な政策」が頓挫したことではない。また、これらの事件は、納税義務者（ギャンブラーや富裕層）の投資や投機から得た成果（課税物件）の人的帰属を捕捉するための困難さ[42)]という前提がある場合に限られたことでもない。なぜなら、「節税」や「租税回避」と呼ぼうが、「意図的」な

商事（2.2％）、三井物産（マイナス0.7％）と「ただ」同然です。」浦野広明『税が拡げる格差と貧困：日本版タックスヘイブンVS庶民大増税』（あけび書房、2016年）124－125頁。

40）36,000元まで3％、36,000～144,000元まで10％、144,000～300,000元まで20％、300,000～420,000まで25％、420,000～660,000元まで30％、600,000～960,000元まで35％、960,000元を超えると45％となる。

41）华税律师事务所編・刘天永主編『中国税法疑難案件解決実務（第四版）』（中国・法律出版社、2021年）463－468頁。

42）藤谷、前掲注19の注16のなかで、この「人的帰属」について指摘している。43頁。

「脱税」と呼ぼうが、人的帰属があったはずの納税義務者らが「法的構造」という「空間」を自由に行き来できるようにした最も肝心なものは、「発明」ないし科学技術の発展によって、「時間」に対する認識ないし富に関する「利率」が変化したからである。あるいは、GAFA やタレント、インフルエンサーなどの「有害な税の競争」を、中国での独占禁止法を運用する文脈で考えなければならないかもしれない[43)]。というのも、そもそも、なぜ、りんごが三回目人類の大地に落ちたことで、富の分布の構造に変化がはっきりと現れ、独占禁止法、特許法、知的財産法が同時期に注目されるようになり、それと同時に、「所得」の認識される所がなくなったのか。それこそ、無形資産ないし「資本主義の新しい形」[44)]（＝「新しい資本主義」？）[45)]の文脈にある問題である。

OECD の BEPS プロジェクトの本質的効用は、恐らく単なる戦後世界秩序の「再・再調整」（の監督役）に過ぎないであろう。よって、OECD のなかの幾つかの国のデジタル売上課税＝ DST の導入も、（課税権を源泉地と仕向け地などで分けながら、）あたかも「原則」に同意したすべての国々がりんごの蜜を吸えるようになったと思われがちである。しかし、このような合意の形式は、「国際公共価値」[46)]ということしか、すなわち、最初からりんごを分かち合うためになお「租税」という（奴隷時代から続いた）「近代国家」の原始的な方法で解決せざるを得ないことしか、物語っていないのである。ま

43） 高口康太「新興 IT 企業規制」週刊エコノミスト（2021年11月16日）22－23頁、の主張からすれば、このような動きは、中国政府の IT 産業に対する独占禁止法を濫用しているとも考えられる。

44） 諸富徹『資本主義の新しい形』（岩波書店、2020年）、金子勝「書評：書評：諸富徹著『資本主義の新しい形』岩波書店、2020年」財政と公共政策42巻２号43頁（2020年）、松下和夫「書評：諸富徹著『資本主義の新しい形』環境経済・政策研究14巻１号71頁（2021年）を参照。

45） 岸田政権のスローガンである。内閣府「新しい資本主義実現本部／新しい資本主義実現会議」（https://www.cas.go.jp/jp/seisaku/atarashii_sihonsyugi/index.html［最終確認日：2021年12月30日］）。

46） このような「国際公共価値」に対する指摘の意図は曖昧である。藤谷、前掲注19、70頁を参照。

た、その課税権設定のルール（売り上げの最低金額についての設定）[47]においては、既に、国家間の「富の再・再分配問題」が生じていること自体が興味深いことである（もちろん、課税権を再分配することで、OECDは次第に、監督役から実行役になっていくかもしれない）。

他方、りんごを分かち合うというプリミティブな発想の実現を保証する方法として議論されてきた問題、すなわち、情報の開示か不開示か、侵害か不侵害かという国際租税手続き法領域の問題も、言ってみれば、帳簿に数字を書き込む納税義務者とその帳簿のページを捲る債権回収側のそれぞれ自身が、帳簿の「デジタル化」とともに、デジタル化しただけのことだと言っても過言ではなかろう。となると、それに連動する租税手続き法領域についても、果たして何が考えられるだろうか。

3　数字と信用、あるいは、「現実」に向けて：科学技術の変遷から考える租税法の原理

2018年の最初の社会主義の女優の脱税が匿名の投稿による発覚されたことに対し、2021年のインフルエンサーの脱税の発覚は、ビッグデータのデータ解析によるものだと言われている[48]。科学技術の先進国と認識されるようになった、中国政府の租税手続き政策面における「強権」の特色は、「金税四期」と呼ばれる情報ネットワークの構築にある[49]。

47）本来は軽課税国の課税権の対象となる軽課税国所在の内国法人の所得を、なぜ、先進国が、先進国所在の親会社に対して課税することが出来るのか（納税義務者の差し替え）、つまり、ミニマムタックスの名の下に、軽課税国が得ることの出来た税収を、なぜ先進国が自分のものに出来るのかは、国際課税における南北問題とも絡んでいるように思われる。

48）中国税務総局、前掲注36。

49）「国家税务总局关于深入学习贯彻落实《关于进一步深化税收征管改革的意见》的通知」、中国税務総局HP「国家税务总局关于深入学习贯彻落实《关于进一步深化税收征管改革的意见》的通知」（http://www.chinatax.gov.cn/chinatax/n810341/n810825/c101434/c5162760/content.html［最終確認日：2021年12月30日］）

また、新興国のデジタル化に対するイメージは、基本的に監視社会の文脈で語られ

データ解析の基本的な方法は、インターネット＋ビッグデータ＋ AI（計算）を通じて、1分間で「非税」[50] 問題を発見し、30分間でその問題を検証し、50分間で納税義務者を特定するようなものであると言われている。2021年9月15日、BRICS（ブラジル、ロシア、インド、中国、南アフリカ共和国の5カ国）の税務局長会議において、中国税務総局局長が、中国は完全に「以数治税」の時代に入ったと宣言した[51]。暗示は簡単である。中国の税務当局は、「既に」、銀行との間との「情報透明化」だけではなく、法人の従業員の携帯番号、法人の納税情報、法人登記情報などを管轄する部局との連携を完全に実現できた。このような「計算力」が備えたシステムであるから、過去の EC（電子商取）の取引のデータがすべて照合可能となる。今後、中国地方政府の二年間分の税収[52] 相当のインフルエンサーの追徴金を超える有名人脱税事件が起きるかもしれない。もうインターネットのニュースから目を離せなくなりそうである。

このように着実に、「社会主義」の中国は、科学技術を通じて、ソーシャル・クレジットシステムを構築している[53]。一方、実際、日本政府も「電子政府」になろうとしているが、その変身ぶりが遅いため気づかれていないように思われる[54]。

ている傾向がある。伊東亞聖『デジタル化する新興国：先進国を超えるか、監視社会の到来か』（中央公論新社、2020年）。

50）本来は、税務当局の管轄外の領域であるが、それらを税務当局の管轄にいれ、租税の徴収を図る部分を指す。「关于进一步深化税收征管改革的意见（2021年3月24日）」中国中央人民政府 HP（http://www.gov.cn/zhengce/2021-03/24/content_5595384.htm［最終確認日：2021年12月30日］）

51）中国税務総局 HP「2021年金砖国家税务局长会议举行通过《金砖国家税务局长会议公报》王军在会上致辞并作主旨发言 深化金砖税收合作 共拓金色发展之路」（http://www.chinatax.gov.cn/chinatax/n810219/n810724/c5169066/content.html［最終確認日：2021年12月30日］）。

52）たとえば、人口75万人の湖南省・邵陽県の2018年の地方政府の税収は6.67億元。

53）野口悠紀雄『中国が世界を攪乱する：AI・コロナ・デジタル人民元』（東洋経済新報社、2020年）を参照されたい。

54）谷口洋志・高鶴「日本における電子政府の現状と課題」経済学論纂61巻1号161頁（2020年）は、「ICT における技術進歩やイノベーションが著しいとはいえ、同一ないし類似目標・項目がこのように長期にわたって掲げられているのは、一向に前進しな

日本政府は、1994年12月25日閣議決定の「行政情報化推進基本計画」のなかで世界的に早く「電子政府」を目指し[55]、2000年11月27日発表の「IT基本戦略」[56]のなかで「情報ネットワークを通じて情報を瞬時に共有・活用する行政」と明確化した[57]。その後、2013年５月に成立した改正マイナンバー法により、日本国内の全住民に全員異なる12桁のマイナンバーが割り当てられることになり、2015年10月からマイナンバーの通知が始まり、社会保障法・税・災害対策の分野での利用がスタートした[58]。2016年５月20日の閣議決定による「世界最先端IT国家創造宣言」[59]では、３点のIT利活用推進を掲げ、３点目の「超少子高齢社会における諸課題の解決」に向けた、租税上のマイナンバー制度の「先進性」を強調できたように思われる[60]。

このように、日本は、比較的遅いスピードでありながらも、本来の情報の「瞬時性」ないし「透明化」から、租税面では課税権を強めようとしてきたと言える。ただ、「資本主義」というより、「民主主義」であるためか、「先進」であるはずのマイナンバー法制度も、違憲かどうかが常に議論の前提となるので、一貫した進行にはならない[61]。その議論のなか、税務調査は、「法

い電子政府の現状を示唆している」と述べている。167頁。

55）谷口・高、前掲注54、162頁。
なお、当時の電子行政の流れに関して、総務省『平成25年版 情報通信白書』180－188頁総務省HP（https://www.soumu.go.jp/johotsusintokei/whitepaper/ja/h25/pdf/n2100000.pdf［最終確認日：2022年１月１日］）が比較的詳しい。

56）首相官邸HP（https://www.kantei.go.jp/jp/it/goudoukaigi/dai6/6siryou2.html［最終確認日：2022年１月１日］）。

57）前掲注56、「３.電子政府の実現」「（１）基本的考え方」、谷口・高、前掲注54、163頁。

58）内閣府HP「マイナンバー法：マイナンバー（社会保障・税番号制度）」（https://www.cao.go.jp/bangouseido/law/revision.html［最終確認日：2021年12月30日］）。

59）首相官邸HP（https://www.kantei.go.jp/jp/singi/it2/pdf/it_kokkasouzousengen.pdf［最終確認日：2022年１月１日］）。

60）谷口・高、前掲注54、168頁。また、関連する問題は、ジュリスト1556号（2021年４月）「〔特集〕行政手続のデジタル化と法の課題」14－58頁、古閑裕二「IT化による民事訴訟の新時代」判例タイムズ1480号（2021年）５－61頁、などを参照。

61）實原隆志「マイナンバー法19条14号の規定・委任の趣旨とマイナンバー法施行令」福岡大學法學論叢66巻１号１頁（2021年）では、「マイナンバー法制度の合憲性を検討する上では、「住基ネット判決」やマイナンバー法制定以後の動向もふまえた慎重

所定の租税の賦課、徴収を適正ならしめるための」「純然たる行政手続き」となるので、「刑事手続きに移行する手続き」である犯則調査と比較されている[62)]。かかる均衡性・同質性についての疑問は、国税庁の犯則調査に着手した件数と税務調査の件数との対比においても指摘できるかもしれない[63)]。

しかし、税を原資とする巨大な「IT 投資とこの情報システムの整備・維持」[64)]のためには、さらに税収を確保しなければならない。本書の第二章で長々と憲法との論戦を繰り広げた社会保障法領域に関連し、いわゆる「自分で守れよ！自分の年金」[65)]として打ち出されたNISA（少額投資非課税制度）

さが必要であろう。……マイナンバー法制度の特徴を、日本の最高裁の近年の判例を基に検討すると、マイナンバー法制度には憲法に反しているおそれがある部分が、少なからずあるように思われる。」と論じられている。36頁。

62）税務調査と犯則庁との違いについて、實原、前掲注61、29頁の注26は、あまり引用されることのない裁判例であるが、名古屋高判昭和50年８月28日税資93号1198頁（税務調査中に犯則事件が探知された場合に、これが端緒となって収税官吏による犯則事件としての調査に移行することを禁ずる趣旨のものとは解し得ないと判示）を、まずあげている。そして、これを確認したものとして、最判昭和51年７月９日裁判集刑201号137頁、松山地判平成13年11月22日判タ1121号264頁をあげている。後者は、任意の税務調査における質問検査権の行使に当たって、取得収集される証拠資料が後に犯則事件の証拠として利用されることが想定できたとしても、そのことによって直ちに、その質問検査権が法人税法156条（平成13年法律129号による改正前のもの）に反して犯則事件の調査あるいは捜査のための手段として行使されたことにはならないと判示した最判平成16年１月20日刑集58巻１号26頁の原審である。解説として、笹倉宏紀「判批」別冊ジュリスト253号「租税法判例百選（第７版）」242頁（2021年）を参照。

さらに、この論文は、2012年に提出されたマイナンバー法旧法案では、特定個人情報の提供禁止の例外として「租税に関する調査」が挙げられていたが、現行法では削除されたことを、同法19条15号の規定する「租税に関する法律の規定に基づく犯則事件の調査」に関して留意すべきとしている（同頁）。

63）實原、前掲注61、30頁。

64）金崎健太郎・川島宏一・有田智一「マイナンバー導入に伴う自治体業務情報システム改修事例に見るオープン化・標準化及び共同化の現状に関する研究」情報システム学会誌13号２巻（2018年）13－25頁。「マイナンバー制度導入に伴うシステム整備は、すべての地方自治体が同種の情報システム改修を同時期に、全国統一的なプロジェクトとして実施する極めて稀有な事例で」ある、とその情報システム学上の価値を述べている。13頁。

65）高井研一郎他『自分の年金は自分で守れ！ 六平太がおしえるこれからの資産運用かしこい確定拠出年金対策』（小学館、2002年）を参照。

口座にある金銭の動きを（猶予を与えながら）、債権回収側の監視下に置くことは、確かに賢明な選択であろう[66]。また、「世界最高水準の高度情報通信ネットワークの形成」（デジタル庁設置法21条）を目指すなかで、債権回収側が目的とするような「公平・公正な社会の実現」は、税や社会保障負担を不当に免れることなどを防ぐことと同時に、国民の所得状況を把握しやすくことにもつながるだろう。つまるところ、社会主義も資本主義も国際社会も、「税と社会保障の一体化改革」を「デジタル化」という焦点に合わせながら、行ってきたと言わざるを得ない。

もちろん、この行き先では、システムエラーというより、データ収集の時点から始まった不公平な分類法に伴う「デジタル格差」[67]が生まれることは予測されるし、所得監視のAI論のままなのか、再分配のBI論（ベーシックインカム）へ転じるかは[68]、現時点では確認できないが、差し当たり、生存空間が少しずつ「イノベーション」されていくことは疑いない。このとき、第一章のなかで描かれた固定資産税による「地方都市再生プラン」[69]よりも、韓国ソウル市のメタバースプラットフォームにいるアバター公務員とのやり取りをすることのほうが「現実的」かもしれない[70]。

66）岸田内閣の下での実質的に初めての政府税制調査会（第6回総会）では、金融商品課税の適正化（強化）の議論が複数の委員から主張された。内閣府・税制調査会HP（https://www.cao.go.jp/zei-cho/content/3zen6kaigiji.pdf［最終確認日：2022年1月1日］）。

67）ヴァージニア・ユーバンクス（堤未果ほか訳）『格差の自動化：デジタル化がどのように貧困者をプロファイルし、取締り、処罰するか』（人文書院、2021年）。

68）たとえば、岡澤憲芙・連合総合生活開発研究所編『福祉ガバナンス宣言：市場と国家を超えて』（日本経済評論社、2007年）、村岡到『生存権所得：憲法168条を活かす』（社会評論社、2009年）、村岡到『ベーシックインカムで大転換』（ロゴス、2010年）、村岡到『ベーシックインカムの可能性』（ロゴス、2011年）などのなかで描かれている「連帯の夢」についてどう考えるべきなのか。

69）諸富徹、第一章注73。

70）ソウル市政府HP「ソウル、最初の地方政府は「メタバースプラットフォーム」で新しいコンセプト公共サービスを開始しない」（https://english.seoul.go.kr/seoul-first-local-govt-to-start-new-concept-public-service-with-metaverse-platform/［最終確認日：2021年12月30日］）。

　ほか、仮想空間については、井関文一・Austin TATE・水牧大地・鈴木頌平「共

改革、若しくは、イノベーションの原義は、「新たな結合」となろう。デジタル化のもとで行われた「新たな結合」は、確かに、「身体と物との結合」から「身体と情報との結合」へと変化したことは間違いない。けれども、租税の課税物件となる「所得」を求める法則に関連する経済学（数学）的、あるいは、哲学的な最初の問いに戻れば、「一連の出来事」のなかで、この「情報」は必ず「正確なもの」になるのだろうか。第一章の「物税」と第二章の「人税」、第三章のギャンブラー、第四章のタックスヘイブンで考察したように、課税要件論の原則である「帰属しうる」可能性は、絶えず「一連の出来事」の文脈のなかで打ち消されながら、別の文脈を構成しようとしている。恐らく、本当は、「帰属しうる」こととは、むしろ、常に「新たな結合」を意味しているのではないだろうか。また、同時に、これは、信用と交換との関係であり、物の現れと現実との関係でもあるのではないだろうか[71)]。

「所得ゼロ未満でも飲み食いができる現象」[72)]や「法的構造のなかを自由に行き来できる納税義務者問題」などの「不平等」を原理的に解析することは、①時間＝「決して同一平面に回収できないもの」と、②空間＝「同一平面上でしか問題にできないもの」と、③両者の関係性をどう考えることでもある[73)]。

有開発環境としての OpenSimulator と Unity について仮想」J.TUIS 21号１巻（2017年）81－87頁を参照。

71）「物の現れと現実」という表現は、西郷甲矢人・田口茂『〈現実〉とは何か：数学・哲学から始まる世界像の転換』（筑摩書房、2018年）に合わせた表現であるが、貨幣と信用との関係（岩井克人『貨幣論』（筑摩書房、1993年）など）も念頭に置いている。

　ほか、筆者の問題意識に近いものとして、岡嶋裕史「仮想空間から派生した独自通貨の影響力増大とリスクに関する考察」経済経営研究所年報第31集49－68頁（2009年）を参照。

72）“People can eat and drink on an income of less than zero.” Irving Fisher and Herbert W. Fisher, Constructive income taxation: a proposal for reform, Harper & Brothers, 1942, p60.

73）ここの時間と空間についての①②③の表現は、西郷・田口、前掲注71、79－85頁から示唆を得ている。また、布山 美慕「書評：西郷 甲矢人・田口 茂（2019）．〈現実〉

例えば、国際的な、あるいは、中国国内で生じているような「タックスヘイブン現象」についての課税問題は、①＝租税条約や地方政府の規定を、②＝国際空間のなかで考えようとすると、その①と②の間に③の差異があるため、根本的に解決できないだろう。

他方、第三章の３のなかで整理した諸概念が意味している事柄は、「所得」を、①＝「時間」ではなく、②＝「時間軸」へ帰結させた（これは、時間を空間として認識した数学者の解決策である[74]）ことで、③＝格差と不平等が当然生じることになる。

あるいは、第三章の全体を通じて述べたように、②＝国家は、①＝人々とその望みのなかにあり続けるため、③＝投影との時差ないし距離を持った構造が生まれる。同時に、①＝無数の個人の絶えず流れる生命という時間＝ライフスタイル＝健康＝生命の持続性＝富のフローの側面を、②＝投影や時差である国家において債権回収しようとすると、③が顕著化する。

そして、情報社会において、①②③の三つの要素は、より同時進行的になる。「出来事」はますます「一連的」の特徴を見せ、また、「構造的」に書き換えられていく。このような「不均衡」の動きのなかで、これまでは、「貨幣」が①②③の「媒介」ないし「信用」であったが、これからは、かかる役割を「情報」が担っていくかもしれない。市場が存在するかぎり、①②③は繰り返されるのである。

付け加えると、①＋②＋③の真空的計算から、いわゆる「社会的共通資本」[75]を導けるかもしれない。この資本計算の合理性と租税法との関係性に

とは何か：数学・哲学から始まる世界像の転換筑摩書房」認知科学27巻２号233頁（2020年）を参照。

74）これは基本的にアンリ・ベルクソンの問題意識である。アンリ・ベルクソン（中村文郎訳）『時間と自由』（岩波書店、2001年）、中村昇『ベルクソン：時間と空間の哲学』（講談社、2014年）などを参照されたい。

75）「私的資本」と「社会的共通資本」のふたつのカテゴリーを考えるために、宇沢弘文の『自動車の社会的費用』（岩波書店、1974年）のなかで、Fisher のいう「資本」についての言及は極めて興味深い。「ここで資本という言葉を用いているが、これはアーヴィング・フィッシャーの意味における広義の資本概念に対応するものである、ということにまず留意しておこう。すなわち、生産・消費のプロセスにおいて必要と

ついて、稿を改めて検討してゆきたい。

ともあれ、光があれば影がある。影のなかで立ち尽くしつつ、光の源を探す。きっと先哲たちも、このように微かな光の源を探し、光源との間の距離を測る方法を手探りしていたのだろう。同じように、情報のシステムとともに動き、その動きに介入できる法自身のシステム的進化を成し遂げていかなければならない。

されるような希少資源のストックを広く資本と呼び、この資本から生み出されるサーヴィスを使ってさまざまな経済活動がおこなわれると考えられる。したがって、ある国民経済をある時点で瞬間写真をとってみたとすれば、それはさまざまな種類の資本から構成されることになる。このような広い意味における資本をその所有関係のあり方にもとづいて私的資本と社会的共通資本とに分類するのであるが、この分類は必ずしもアプリオリに定められるものでもないし、また経済の規模とか多数者による共同消費などという純粋経済技術的な条件だけによって決められるものでもない。」120頁。

また、宇沢弘文がずっと強調してきた「社会的共通資本」(『社会的共通資本』(岩波書店、2000年) の概念も、本当は、Fisherのいう「ストックとフロー」の両方を意識しているのではないかと思われる。

さらに、宇沢弘文の「社会的共通資本論」は、地方財政設計に批判的に承継されている。諸富徹・門野圭司著『地方財政のシステム論』(有斐閣、2008年) 41－62頁を参照。

終 章：来たるべき課税要件法

1　百年越しの絶望

筆者は本書を書いていたとき、何度も思い出し、大いなる心の支えとなった言葉がある。それは、チェコ出身の小説家フランツ・カフカが1921年10月19日の日記に書いた言葉である。「生きている間は人生に決着をつけることをしない人間は、片手を使って自分の運命にふりかかる絶望を少しばかり防いでいるのであり、それはほとんど成功しないが、しかしもう一方の手で、彼が瓦礫の下に見ているものを集めることはできるのだ。なぜなら、彼は他の人びととは別なものを、そして他の人びとよりはよく見ているからだ。それにしてもやはり、彼は生きながらにして死んでいるのであり、生まれたときからの生き残りなのだ。もっともこれは、彼が絶望との闘いに、二本の腕と現に持っている以上のものとを使わないと仮定しての話だが。」[1)]カフカのこの言葉は、彼自身の一種の「書く経験」の譬えとして深読みできる。「書く経験」を「絶望との闘い」に譬えることは、あまりにも文学者らしい大げさな表現であるため、客観と理性を目指す法学者の顰蹙を買ってしまうこともあるだろう。しかし、絶望感や困惑感、少なくとも「問いの欠片」の微塵も感じない法学上の書く作業も、またどこにも存在しないのではないだろうか。

実際、本書の根底にある「問いの欠片」は、2012年の春に大阪大学大学院文学研究科に提出した「物の思想史：言葉、もしくは、経験という現場か

1）フランツ・カフカ（マックス・ブロート編集、谷口茂訳）『（決定版）カフカ全集 7 日記』（新潮社、1981年）390頁。

ら」（大阪大学：甲第15581号）（2012年３月22日）という、もうひとつの学位論文の問題意識と密に接続している。

「物の思想史」のなかで、筆者が主に注目したかったのは、筆者がまだ生まれる前に起きた（日中）戦争や、まだ渡日する前の1995年に起きた阪神・淡路大震災などの「非常事態」を巡る「記憶論・復興論」の歴史学・思想学上の関心事である。その考察は、わかりやすく言えば、国家の権威とともに宗教的な鎮魂の意味も込められた戦争記念「碑」や神戸ルミナリエのような「灯」などの物は、どのように主体的に語り出し、またどんなことを語りうるのかといったマテリアル・カルチャー的な視点に基づいて書かれた。ただ、およそあらゆる視点を持つことこそが、どの学問の領域も「客観的」になれなくなるという厄介ごとを作り出す。不気味な「石」の塊の横で揺らぐ妖艶な「灯」は、戦死者の魂を慰め、震災を経験した生き残りたちの心の「隅」まで照らすことができたかどうかについて、学問にはまだそれを検証できる術がない（それこそ、「降霊術」でテレビ特番を組むか、ネット動画を制作するかの必要があるかもしれないが、「不謹慎」というレッテルも貼られるだろう。）。このためか、「日本ボランティア元年」とも言われた1995年の震災以後、日本社会の「すみっコぐらし」[2)]に「愛」や「希望」を届けようとする「公益」的なものが存在しても、文化人類学者、社会学者、精神分析学者、思想史学者などが残した「厚い記述」に登場した「傷」たちは、ますます「癒えないもの」となっている[3)]。なぜなら、それらは、決して町の薬局で売っている偉大なる「アットノン」では消せない個々の「傷跡」として絶望的

2）ここの「すみっコぐらし」は、2012年に発表されたサンエックスのキャラクターの名称をもじった使い方である。いわゆるネガティブなところを愛で、「陰キャ」を否定的に捉えない作風が大衆受けとなった。となれば、社会運動家らが主張するような「社会的日照権の救済」はなぜ必要なのかを考えてみる価値があるかもしれない。

3）「厚い記述（thick description）」という言葉は、文化人類学者のクリフォード・ギアツ が『文化の解釈学』で自らの民族誌記述の方法として提示した言葉である。C.ギアーツ著（吉田禎吾ほか訳）『文化の解釈学Ｉ』（岩波書店、1987年）。なお、横断的で学際的なトラウマ研究として、田中雅一、松嶋健編『トラウマ研究１・トラウマを生きる』（京都大学学術出版会、2018年）、『トラウマ研究２・トラウマを共有する』（京都大学学術出版会、2019年）がある。

に残されていくものだからである。

ちょうどこのような個々の「傷跡」との睨めっこをしている最中、2011年に東日本大震災が起きた。その後、原子力発電の良し悪しが再びホットに議論されるようなり、社会運動家らや住民らなどの自治の情熱も掻き立てられ、法廷闘争が繰り広げられた[4)]。そして（なぜかあるよく晴れた春の日）、復興構想会議の「お偉いさんたち」の提言がきっかけで、国家が「債権」を手にし、納税義務者らにとっては急に降りかかった「復興特別税」という「債務」が誕生した[5)]。日本政府が主導していた様々な復興キャンペーンのなかから奇跡的に誕生したこの不思議議な「税目」は、筆者の関心を引いた[6)]。

なるほどである。「喪」や「愛」を、「石」や「灯」として物象化すること

4）福島第一原子力発電所の事故で各地に避難した人などが、国と東京電力に損害賠償を求めた４件の集団訴訟で、最高裁判所は「仮に、経済産業大臣が、本件長期評価を前提に、電気事業法40条に基づく規制権限を行使して、津波による本件発電所の事故を防ぐための適切な措置を講ずることを東京電力に義務付け、東京電力がその義務を履行していたとしても、本件津波の到来に伴って大量の海水が本件敷地に浸入することは避けられなかった可能性が高く、その大量の海水が主要建屋の中に浸入し、本件非常用電源設備が浸水によりその機能を失うなどして本件各原子炉施設が電源喪失の事態に陥り、本件事故と同様の事故が発生するに至っていた可能性が相当にあるといわざるを得ない。」と判断し、国の責任を認めなかった。最判令和４年６月17日裁時1794号23頁。

5）「震災復興税を提起　構想会議議長「国民全体で負担」」朝日新聞・朝刊（2011年４月15日）

　ちなみに、国土交通省気象庁の記録によると、2011年４月14日の東京の昼の天気概況は「快晴」だった。国土交通省 HP（https://www.data.jma.go.jp/obd/stats/etrn/view/daily_s1.php?prec_no=44&block_no=47662&year=2011&month=4&day=&view=p1［最終確認日：2023年１月14日］）

6）平成23年12月２日に東日本大震災からの復興のための施策を実施するために必要な財源の確保に関する特別措置法（平成23年法律第117号）が公布され、「復興特別所得税」及び「復興特別法人税」が創設された。法人は、平成24年４月１日から平成27年３月31日までの間に開始する事業年度について、基準法人税額に10％を乗じた復興特別法人税を法人税に上乗せして納付する。平成25年から平成49年までの間は、復興特別所得税が課せられる。ただし、この復興特別所得税は法人が納付すべき復興特別法人税から控除される。個人は、平成25年から平成49年までの各年分の所得税に、基準所得税額に2.1％を乗じた復興特別所得税を上乗せして納付する。

　なお、災害被害者に対する租税の特別措置は、「災害減免法」と 所得税の「雑損控除」という二本柱で対応している。

を通じて、死者も生き残りも未来の生者も、それぞれを結びつける「ナショナリズム（国家）」は、死者を再び蘇らせるという生き残りたちの哀願を「文学的・物語的」に叶えることはできる。そのうえ、生と死との連続性に物的根拠を与えつつ、生き残りたちの「傷跡」を彼らが死するとき、未来の生者に「租税」として「法的・債務的」に承継させることもできる。筆者は、連続性が保証されたときにはじめて成立しうる租税債権債務に潜む権威性の構造原理を垣間見た気がした。

もちろん、ここの「復興特別税」のような「時限的付加税」とは、みんなが困難に立ち向かうときに、必要とされる一種の「理念的な団結の象徴」であるとも考えられる。しかし、なぜ、象徴は、往々にして、「愛」や「希望」と相反することになりかねない「金」や「貨幣」（ときには「救援物資」、「買占め禁止品」、「寄附金」）にせざるを得なくなるのか。そこで「団結」（移転）された資金は、例えば、切実に一枚のパンを必要としている「すみっコぐらし」の食卓（いや、食卓すら持たないかもしれない）のうえの、「あの一枚の（こげ）パン」として再分配されるのか。

このように、二度目の正直だと思いながら稿を起こすと、今度は、「めでたく」もコロナ禍の「緊急事態」の真っ只中に身を置くことになった。「緊急事態」が常態化するなかで、なおカウントされていく死者数を見るたびに感じる絶望感は、まるでさざ波のように、筆者の胸中に広がるばかりである。また、日常会話のなかで、誰もがさり気なく公共衛生学者や疫学者になったかのような気分で、メディアの報道とともに統計学的なアルゴリズムを援用しながら、感染リスクに怯えつつもその倍々ゲームの理論を楽しむ。このような日常生活を緻密に統計学化することは、まさしくAIとともに台頭し始めたもうひとつの「人間危機論」の予言を現実化しようとすることである。これまで人間を主体に構築されてきた人文社会系の理論は、すでに粉々にされ、廃墟の瓦礫となっているかもしれない。となると、そのように廃れていく理論にしがみつく意味がどこにあるのだろうか。絶望感と無力感に畳み掛けられていたのは、「学際的研究」ならではの暗中模索状態そのものからくる心細さである。どこに向かえればいいのか、法学に対する理解は根本的に間違っているのか、理論的構築には破綻はあるのか、方法論は正しいのか、メタファー尽くしの解釈手法は法学者には通じうるのか、などなど。もはや片手で払えきれるほどの絶望の量ではない。また、防ぐこと自体にもそれほど成功していなかった。

にもかかわらず、かつての震災では死なずとも、まだ現にコロナに感染せずとも、日々いつか起こるかわからない「非常事態」の可能性を抱え込みながらも、単なるひとりの「生き残り」として、瓦礫の下に見ているものをもう一方の手で集めることはできる。また、そもそも物書きよりも書物のほうがより重要な使命を持っているはずである。書物は、「書かれた物」ではなく、書かれた言葉がまだ見ぬ別の形式の言葉（評価であろうが、罵倒であろうが、または、無関心であろうが、）を呼び起し、それらの言葉とともに書き直されていくために開かれているものである。このどんどん開かれていくもののためにも、「生き残り」がときには物書きとなって、自分の見ている「別のもの」を書き留めていかなければならない。

2 「書き留めたもの」とそれらの再建可能性

では、本書は、何を書き留めたのか。それらからどんな「別のもの」を見ようとしていたのか。本書の表のストーリーとしての概要的な内容は本書の序章において既に提示していたが、ここでは、明らかにした「絶望との闘い」である裏のストーリーという側面からも、本書で示し得たことを確認してみようと思う。

租税法学上の課税要件論の個々の要素のそれ自体の定義が直面している法学体系「内」の捉えにくさは、いうまでもなく、民事法からの借用概念の問題や、日本民法自身の概念の借用に起因する問題などに関連している[7)]。し

7） 例えば、「夫婦財産制度」という角度から、課税要件事実認定の困難さについて論じられた興味深いものがある。藤谷武史「夫婦財産制と租税法：国際的側面からの検

かし、本書は、このきわめて重要な「概念借用の是非」という租税法学上の課題と正面から渡り合う方法をとっていない。渡り合えない理由は、まずは筆者の勉強不足にあるので、恥じるのみである。

渡り合いを避けた次に重要な理由は、仮に課税要件論の要素の法的借用の文脈に沿う正しい解釈ができたとしても、そのような解釈の有効性が限定的であり、時として打ち消されてしまうことを際立たせてみたかったからである。

例えば、課税要件論の要素のひとつである税率の設定について、そのための正しい基準をどこに求めるべきだろうか。基準とした種々の「数字」に恣意性はないだろうか。しかも、降りかかってくる国際関係上の「出来事」（国際経済事情や地政学的リスクなど）という大きな運命に向き合う応用問題では、これらの数字と一度正しく解釈された概念とは、法的な効果を見事に消し合うのではないか。

この「雑多な秩序」をあえて見つめるという問題意識のもとで、本書の筆致の基調が決められた。決して、無機質になってはならない。むしろ、散文的で、よりエレガントに。また、「始めに国家ありき」で、その主語の後ろに各国の法律の条文を羅列し比較するというような、いわゆる「比較法学」の記述スタイルも放棄した。始めに課税要件論の要素ありき、かつ、重なり合う国際関係、国際経済の背景のなかで、例えば、固定資産税という課税物件が中国法・日本法・アメリカ法のなかでどのように捉えられたのか、という発想に基づいた構成を試みた。この試みは、法学的記述としての成否は別として、すくなくとも従来はなかったもうひとつの比較のロジックを提示できたではないかと思われる。

三つ目の重要な理由は、人間の主観性（客体性）と法の客観性（主体性）との関係について考えてみたかったからである。

やや形而上学的な説明になるが、人間は判断をする一方、自らは自らが下した判断によって判断される。この現象は、納税義務者と課税物件との関

討」（金子宏・中里実編『租税法と民法』）（有斐閣、2018年）477頁。

係、納税義務者と債権回収側との関係、国家と国際間国家との関係、さらに、これらの関係が税率に与える影響についての判断の基準、といった事柄に当てはめることができる。

例えば、「勤労性所得」または「不労収入」が課税物件としての「所得」になるかならないかの実在性を求める場合、実現や帰属の有無は課税要件論の当面の問題となる。このとき、実現や帰属を巡る判断の主体性は法にあるように思われる。法は、その判断の客観的側面を条文によって強調するだろう。しかし、これは、まさにAIのアルゴリズムの罠に嵌められたキツネのように、人間の言葉で記述された「法」を学習し、学習された「法」からコンピューター的な解として「法則」を導き出し、この「法則」を再認識し、人間の言葉で記述された解として「法」を提示し、その「法」を学習する、という無限ループに対応せざるを得ない状況ではないだろうか。

このような再帰的な苦境を認識し、記録し、そこから脱出する方法を思考する行為を「介入」とし、本書の全体の記述方法を通じて、ひとつの「介入の技法」として描き出したかったが、筆者の能力不足のため、メタファーの多用によってかえって見えにくくなったかもしれない。また、用いたこのいわばインカメラとアウトカメラの両方を使い、リアルな「出来事」を示す方法論も、結果的に、裁判所どころか、実定法学研究に対しても「ないものねだり」となってしまうかもしれない。しかし、「介入」を、個々の課税要件の相互的な関係性のなかで捉えるべきだ、という視点は強調できたはずである。

本書は、実定法研究に必要とされる綿密な条文解釈などの作業を行っていない。多くの判例についてもあくまで「言及する」という最小限度の説明にとどまっている。今後、筆者が「法学者」としても成長していくために残された方法論上の課題は極めて多い。現在、第二章にかかわる実定法研究上の考察論文（とりわけ、国保77条を巡る社会保障法と租税法との関係）にはすでに着手している。第三章と第四章のエッセンスをさらに発展していくための国際公法上の判例収集や、科学技術の面における中国の租税立法政策の変遷をまとめること、国家と資本との関係という視点から国際課税論を再構築することなどは目下の急務であると考えている。今後の研究を充実させることで本書に対するご批判に応答することとさせていただければ幸いである。

事項索引

あ　行

か　行

さ 行

た 行

な　行

は　行

ま　行

や　行

ら 行

A-Z

著者紹介

沈　恬恬（しん　てんてん）

2012年　大阪大学文学研究科博士後期課程修了・博士（文学）大阪大学
2022年　京都大学法学研究科博士後期課程修了・博士（法学）京都大学
現　在　東京大学社会科学研究所　日本学術振興会特別研究員PD

訳　書

『名叫彼得的狼』（中国上海少年児童出版社、2008年）（那須田淳著『ペーターという名のオオカミ』小峰書店、2003年）

介入の技法　課税要件論再考

2023年３月25日　初版第１刷発行

著　者　沈　　恬　恬
発行者　阿　部　成　一

〒162-0041　東京都新宿区早稲田鶴巻町514番地
発行所　株式会社　成　文　堂
電話 03(3203)9201　Fax 03(3203)9206
http://www.seibundoh.co.jp

製版・印刷　藤原印刷　　製本　弘伸製本

ISBN978-4-7923-0711-0 C3032

定価（本体3,000円＋税）